U0527360

Erich Fromm

常态病理学
The Pathology of Normalcy: Contributions to a Science of Man

弗洛姆的"人学"理论

〔美〕艾里希·弗洛姆 著
陆泉枝 译

上海译文出版社

目 录

前言 …… 001

一、现代人的常态病理学 …… 001

  1. 现代世界的心理健康 …… 001

    a) 何谓心理健康？…… 001

    b) 现代社会的原则和态度 …… 008

    c) 人的境况和心理需求 …… 012

    d) 心理健康与宗教需求 …… 015

  2. 当代文化中的参照框架和奉献目标 …… 018

    a) 宗教真空 …… 018

    b) 关于工作的概念 …… 023

    c) 生产与消费崇拜 …… 028

    d) 关于幸福与安全 …… 031

  3. 异化与心理健康问题 …… 035

    a) 异化与抽象 …… 035

    b) 异化的体验 …… 040

    c) 异化的语言 …… 041

    d) 异化的情感与伤感 …… 045

e）心理健康与相关存在……048

f）异化与无聊……049

g）政治中的异化……050

h）异化的思维……053

i）异化的爱情……057

4. 克服疯狂社会的方法……058

a）社会主义愿景及其扭曲……058

b）有何可做？……066

二、心理健康的概念……072

1. 心理健康的主流概念……072

2. 心理健康和进化思想……075

3. 本人的心理健康概念……077

a）克服自恋……077

b）克服异化……084

c）克服恋尸……086

d）心理健康的社会决定因素……091

三、人的人道主义科学……093

1. 初步考虑……093

2. 总体目标……095

3. 具体目标……096

4. 总体评述……099

四、人本性懒惰吗？……101

  1. 人天生懒惰的公理……101

    a）公理的社会经济层面……101

    b）公理的科学层面……105

    c）工作与人内在被动的公理……107

  2. 反对公理的证据……113

    a）神经生理学证据……113

    b）动物实验证据……120

    c）社会心理学实验证据……123

    d）梦例的证据……130

    e）儿童发展证据……136

    f）心理学证据……139

参考文献……145

前 言

20世纪50年代初，艾里希·弗洛姆的研究愈发转向当时工业社会中人类心理是否健康的问题。他接受各种邀请举行报告会和讲座，就这个主题发言。难能可贵的是，他全新的社会心理学视角使精神分析朝着全面批判个人融入社会的"常态"病理方向发展成为可能。针对社会上支配行为的那些广泛的激昂斗争，他由此可以进行深刻的分析以确定常态的图景。就什么对心理健康真正有益、什么会让个人患病的问题，如今弗洛姆以一种卓有成效的方式给出了新的解答。

弗洛姆竭力把引发行为的激昂斗争与社会经济必然关联起来，以便使社会上极为普遍的特征可以被理解为趋向于某种社会经济形势发展的结果。这种方法让他在20世纪30年代发现了专制社会特征，在20世纪40年代末发现了营销特征，并在20世纪60年代初发现了恋尸癖社会特征。

对当前生产方式的分析以及心理上竭力趋同（个人借此应对当前经济的需求）的分析表明，正是对个体要求的心理态度和斗争——社会性格特征——让人出现心理疾病。有益于当今经济体系运转的东西，事实证明正好有损于人类心理健康的维持。个人在这种社会当中可以获得的成功，如果更仔细地予以审视的话，就会发现有悖于他的心理健康。因此，常态必须容忍它是一种病态发展表现的质疑。

弗洛姆通过甄别市场经济使人产生的病理效果来审视常态病理学。困扰常态的核心问题在于，人类愈发无力地自发与现实产生联系。弗洛姆发展了临床术语"异化"，并对它的多重表象和含义加以审视，其中最重要的含义与人类心理健康的全新理解有关。这些新的观点引出对人的人道主义科学纲领式的召唤。

乍一看，本书由截然不同的篇章构成。第一部分收录了1953年的四场讲座和1962年的一场讲座。这些讲座由录音保存，并让言语得以成为文字。它们涉及心理健康以及常态的主流病理。第二部分涉及当代文化病态引发的全新人类科学：其中包括1957年的一篇纲领性短文——弗洛姆本想借此创立一所人类科学研究院——以及另一篇从广义上讨论"人性懒惰"这个命题的科学文章。这篇1973—1974年的文章表明了弗洛姆如何逃避科学领域的常态病理。首先，他通过全面审视不同学科发现的成果，从跨学科的角度回答这个问题，并判别它们与人类思想上意识形态的主要关联。其次，他将不同学科的这些发现与自己的思想联系起来，而他的思想又基于一种心理健康的人道主义理念之上。

这四场关于"现代人常态病理学"的讲座此处乃首次发表，讲座由弗洛姆于1953年1月26日和28日以及2月2日和4日在纽约社会研究新学院①举办。从1941年起，弗洛姆在此举办讲座和研讨会，这些主题跨越近二十年的时间，反映出他对于不同时代某些问题的兴趣。自1950年起，弗洛姆便定居墨西哥。由此，他保持了必要的文化距离，以便对美国工业社会进行批判性反思。1951年12月11日，在墨西哥举行的第四届心理健康大会上，弗洛姆就"社会科学对心理健康的贡献"作了报告，在演讲结束时他首次阐明自己对"心理健康"这个术语中社会与心理之间关联的兴趣。弗洛姆将墨西哥描述为现代国家，其中"一种古老的传统文化依然存在，在这种文化中人们让自己'懒惰'，并享受生活的乐趣；在那儿木匠依然乐于制作一把上好的椅子，而不是琢磨如何快速低廉地生产椅子；在那儿农民依然乐意享有空闲时间，而不是拥有更多的金钱"（Fromm，1952a，第42页）。

1953年"新学院"四场讲座在课程目录中以"现代世界的心理健康"为题发布。它们与弗洛姆1947年出版的《自我的追寻》(*Man for Himself*)中的营销取向分析关联紧密，不过更为全面地揭示了市场经济中异化过程的心理动力学。我们不再把主体经历空虚和自贬以及对市场的依赖视为异常现象看待，这正是弗洛姆在1955年所谓"常态病理学"的一个迹象。

本书第二章"心理健康的概念"源于从未发表的一篇讲稿。1962年12月1日，在世界卫生组织（WHO）的区域分支机构泛

---

① 社会研究新学院(New School for Social Research)，成立于1919年，简称为"新学院"(New School)，是纽约一所私立高等教育机构。——译者

美卫生组织①举办的拉丁美洲心理健康研讨会上，弗洛姆在墨西哥库埃纳瓦卡（Cuernavaca）发表了演讲。演讲录音由弗洛姆转写并润色，但之前从未发表。这场演讲从不同层面看都可谓意义重大：它是弗洛姆发现恋尸癖的第一份文献。直到两年以后，弗洛姆才将这一发现在美国心理健康基金会出版的著作《人心》（*The Heart of Man*, 1964a）当中予以披露。在这场演讲中，弗洛姆第一次将自恋看作当今社会的一种心理疾病。最后，正如1953年的讲座那样，他也将异化视为一种临床相关的现象。

然而，1962年的演讲与1953年的讲座迥然有别。弗洛姆对市场经济的基本评价以及克服市场经济病态特征的信心，在1953年的讲座中虽然十分明显，但鉴于社会日益增长的自恋和恋尸癖，后来却让位于一种怀疑姿态。在随后的几年中，这种怀疑态度变得更加强烈，以至于弗洛姆在1970年甚至谈起"当代社会的危机"，而这在"人类历史上绝无仅有"，因为它是一场"生命本身的危机"（Fromm, 1970g, 第159页）。

弗洛姆坚信，我们的未来完全取决于当代危机意识可否激励那些最有能力的人才致力于人类科学研究，而这也使人类再次成为关注的中心。只有齐心协力，才能克服现代社会的精神病态。他对人道主义科学的理解在1957年发表的一篇题为"人类科学研究院"的纲领性短文中表达得最清楚也最具体。在出版人士露

---

① 泛美卫生组织（Pan American Health Organization, PAHO），成立于1902年，其总部位于华盛顿，旨在团结美洲各国改善卫生条件和人民生活质量。——译者

丝·南达·安森（Ruth Nanda Anshen）的建议下，弗洛姆曾一度执着于创建一所致力于人道主义科学理想的研究院。不过，研究院从未成立的事实并未削弱他对人道主义科学畅想的价值。

最后，本书收录了"人本性懒惰吗？"这篇文章，其部分手稿的产生与《人类破坏性的剖析》（*The Anatomy of Human Destructiveness*，1973a）有关。这篇文章于1974年期间构思，它本应是一本著作的第一部分，弗洛姆（在1973年10月底的一封信中）曾将此书初步定名为《存在还是占有》（*To Be or to Have*）。最终，他没有把这篇文章收入《占有还是存在》（*To Have or to Be*，1976a），也许是因为这个主题将超出此书的范围。正如"存在的步骤"（Steps of Being）一章曾从手稿中删除，并直到成文十五年后才在《存在的艺术》（*The Art of Being*，1989a）中发表那样，本书这一章"人本性懒惰吗？"也是首次由美国心理健康基金会在美国出版。

仔细看来，人性是否懒惰的问题可谓弗洛姆思想当中的一个核心问题。它触及当前的迫切问题：人类当前的危机是否可以克服？在1953年的第三场讲座中弗洛姆明确指出，人类与现实之间合理而亲密的关系不仅是心理健康的实质标准，而且也代表了一种独立的心理能量源泉，不过这个源泉在市场经济的异化之下仍有枯竭的风险。"常态病理学"应视为人类愈发无力主动与现实关联的表征。这正是人性是否懒惰与被动问题的主旨。我们是否首先必须受到诱惑才会与现实发生积极的联系？或者我们是否具有一种内在驱力变得积极并与现实联系起来？弗洛姆从不同的科学领域，尤其是神经生理学，去寻找证据来说明，在原则上人具有自主能力，而且正如心理健康一样，个体心理成长也是内心对现实积极关切的直接表达，因此相反的科学假设在现实中就为"常态病理学"提供了支持。

除题为"人的人道主义科学"的章节外，本书章节划分和所有次级标题均由编辑拟定。另外，编辑添加内容置于方括号当中，文中删减内容则以［……］标识。

雷纳·芬克（Rainer Funk）

2010年7月于图宾根

一、现代人的常态病理学
（1953 年在纽约社会研究新学院举办的四场讲座）

1. 现代世界的心理健康

（第一场讲座：1953 年 1 月 26 日）

a）何谓心理健康？

针对在当代社会中何为心理健康的问题，存在两种可能的解答方法：一种是数理统计方法，一种是定性分析方法。

统计方法易于理解，可以简要谈论几句。这里有人会问，现代社会的心理健康数字是多少？统计数字说明什么？这些数字确实不太鼓舞人心。我听说在美国，我们每年花费约十亿美元用于治疗精神疾病，而且我们医院的病床有近一半被精神病患者占用。

如果我们考虑欧洲的有些数据，不仅更加让人沮丧，而且还有点困惑人心，甚至陷入深思。我们发现欧洲发展最均衡的那些中产阶级安定国家，比如瑞士、瑞典、丹麦和芬兰，竟然属于心理健康最差的国家行列，也就是说在那里精神分裂、自杀、酗酒和杀人要远比其他欧洲国家更为普遍。

这里，我们的统计数据确实提出了一个问题。这些欧洲国家在社会和文化上似乎已经实现了我们追求的理想——即便尚未实现基于相对经济安全之上那种非常富裕的中产阶级生活——然而这些国家却仍有心理健康问题，因此也就无从证明这种生活正如我们历来认为的那样有益于心理健康或幸福。而这又意味着什么？

虽然美国和欧洲心理疾病患者人数庞大，但从另一方面来看，这其中也有许多积极因素可讲。我们对心理疾病患者的护理有所增加，已经发展出新的方法。我们在欧洲和美国发起了精神卫生运动。我们无从知道这些证据到底只是反映出更多的心理疾病，还是间接反映出对心理健康更大的关怀，也即借助更好的方法、更准确的观察以及更庞大的设备，使我们得以辨识更多的心理疾病患者。但如果我们对心理健康和疾病不如此关切的话，我们的统计数据也就不会像现在这样糟糕。我认为如果我们只是遵循统计方法，并对这些数字左顾右盼的话，我们也会像在得到这些数字之前那样困惑不已，并且不懂其中的含义所在，而只看统计数字通常来说莫不如此。

在这四场讲座中，我要讨论的不是统计层面，而是定性层面。我首先要提出问题："何谓心理健康和心理疾病？"然后，我会讨论以下问题："我们描述的心理健康和疾病与我们 1953 年的文化结构有何相关？"如果我们想在当代文化中谈论心理健康，就不仅要把心理健康和我们的文化进行定点比较；而且我们还必须理解其中的含义，也就是说这种结构中哪些组成元素有助于心理健康，哪些又会导致心理疾病。

要问何谓心理健康？我们必须区分两个基本概念，它们在当前依然沿用，不过时常被区分得并不明确，尽管二者差异十分明显。一个是相对主义的社会概念，它与社会上大多数人的心态相符，并与智力的定义基本类似。智力通过智力测试加以度量，从这个角度看，心理健康是对当前社会生活方式的适应，不论这个社会本身是健康还是疯狂。所有问题都在于个人要适应这个社会。

你们当中很多人知道赫伯特·乔治·威尔斯①的故事《盲人国》(*The Country of the Blind*, 1925)，里面一位在马来半岛迷路的青年来到一个部落，那里的人们天生都是瞎子，而他却看得见。这是不祥之兆，因为他们疑心很重。满腹学识的医生来给他诊断，认为他的脸面上有一种奇怪的或从未听过的疾病，由此引发各种奇怪的病理现象："那被称为'眼睛'的奇怪东西，在脸上产生柔和的凹陷，这种病变将会影响他的大脑。它们突兀明显。他还长有睫毛，眼睑会动，因此他的大脑始终处于一种烦躁和分心的状态。"他爱上那里的一个姑娘，她的父亲并不愿意，但青年若是接受失明手术，那位父亲就会答应这桩婚事。在同意让人弄瞎自己之前，他逃跑了。

从某种意义上说，威尔斯的寓意十分简单。而且从适应的角度讲，我们对于正常与异常、健康与患病的认知也正是如此。如今，针对适应原则存在某些基本假设。第一，每个社会本身都是

---

① 赫伯特·乔治·威尔斯 (H. G. Wells, 1866—1946)，英国作家、社会学家和历史学家，其科幻代表作品包括《时间机器》(*The Time Machine*, 1895)、《星际战争》(*The War of the Worlds*, 1898) 等。——译者

正常的；其次，心理疾病是对社会期待的人格类型的偏离；第三，心理卫生、精神病学、心理治疗的目的，就是要让个人回归普通民众的生活方式，不管他们"失明"与否。问题在于他要适应，而他们则不被打扰。

从这一点来看，有些元素需要加以区分。其中一个是情感元素：我们倾向于相信我们的家人、国民、种族是正常的，而其他人的方式则是异常的。也许我可以讲个笑话，让这个说法更富戏剧性。一个男人去看医生，他想告诉对方自己的一些症状，所以他这样开场："啊，大夫！每天早上，在我冲完澡并呕吐以后……"医生说道："什么！你意思是你每天早上都呕吐？"病人说："医生，难道大家不都这样吗？"

我觉得这非常可笑，因为它强调了我们或多或少所持的一种态度。我们可能认为，自己最独特的癖好同样也为他人所有，却不知道自己认为的人类共有的许多癖好，其实只为我们的家人、美国或西方世界所特有，绝非人类社会结构的必要组成部分。

这其中涉及的不单是一种情感，即认为我们的生活方式和成长方式均属正常的一种偏狭情感；也涉及一种哲学，我们不妨称之为相对主义哲学。它首先认为："不存在可以陈述的客观有效的价值观念。"好与坏只是个信仰问题而已。它们在本质上不过是行事与偏好在一种文化之中相对于另一种文化的表达。在一种文化中，人们乐意做的就称之为"好"，不乐意做的就称之为"坏"。这一点也不客观，无非品位使然罢了。

与这种观点相反的另一种观点，我曾在《自我的追寻》(Fromm, 1947a) 中更为详细地论述过，它认为确实存在客观有效的价值判断,这既不是品位问题,也不是信仰问题。正如医生或生理学家可以做出客观有效的陈述,即只要我们从一条公理出发,认为活着要比离世好或生命要比死亡好,那就会认为这种食物定然比另一种好;这种空气、作息或睡眠要比另一种好;一种对健康有益,另一种对健康有害。我相信这不仅对我们的身体如此,而且对心灵也是如此。根据对心灵本性的认知以及支配心灵的法则,我们也可以就什么对心灵好或坏做出同样客观的陈述。

我们所知确实很少。我们对维生素和卡路里的了解或许要比对正常生活的心理需求了解得多。但正如我们都曾经历的那样,有关维生素和卡路里的流行说法会不断变化。我不知道如果我们过去更认真地看待我们心灵的问题,是否就会发现自己具有很多的认知,并应该给予它关注。

社会学相对主义观点并不像它听上去那么随意。这种观点认为"一个特定社会存在与延续必需的东西,其本身就是好的"。其实,从现存的任何社会来看,几乎都采取这种态度,因为一个具有特定结构的社会只有当其成员采取的态度或多或少可以确保这个社会的顺利运转时才可能存在。每个社会竭力所做的一件事情,从它的文化结构、教育结构、宗教理念和其他层面上看,就是要塑造一种人格类型,让人想做必须要做的事情,让他不仅愿意而且渴望履行社会赋予的角色,也只有这样社会才能顺利运转。

如果你处于一个好战的掠夺社会,那里社群成员的角色就是开战、征服、侵略、偷盗和杀戮,而你发现那里有一名成员多少与公牛费迪南①类似，那么在这种社会中人们发动战争与维持当前结构都会因之受到很大阻碍。这种结构终究不是任意选择的结果，而是根植于诸多客观历史条件当中。社会由此得以运转，但这些条件不会轻易改变。相反，如果你处于一个倡导合作的农业社会，你从中发现一名好战的成员，他也会感到不安。他同样会被人认为有病，而如果更多的人朝这个方向发展，那他们对这个社会的运转将是一种威胁。

你可能会说，每一个正常运作的社会都存在一种既定的合法利益，它们在一定程度上趋同。这种利益从社会延续的角度看必须满足它自身结构和社会特性的要求。这种趋同的期待在生活中得以强化。当然，我在1953年没必要强调趋同，但也许稍微有待强调的是，社会，至少现代社会的延续，同样建立在背离趋同的事实之上。如果穴居社会基于彻底的趋同而存在，那么我们肯定仍然生活在洞穴里，并且我们仍然是食人部落。

有人可能会说，人类的发展取决于以下事实，即存在趋同的意愿和不趋同的意愿，而且对于人类的进步发展以及社会的延续而言，不趋同的意愿对社会本身与趋同以及适应社会游戏规则的意愿同样重要。

在这些把常态视为调整结果或者把健康视为调整行为的观点中，你最终会发现另一种立场，我担心它至多是一种合理化的说辞。这种立场认为："不，我并非相对主义者。我并非要说每个

---

① 公牛费迪南（Ferdinand the Bull），1938年迪士尼同名动画片中的卡通形象，讲述了一头不愿打斗的小公牛却阴差阳错地被选中投身斗牛的故事。——译者

社会都在按照正常、良好、健康的方式运转，但我们的社会——1953年的美国社会及其生活方式——恰好是人类渴望的目标和愿景。"这是正常人群的生活方式，而其他社会迄今为止或在过去150年不但落后，而且也许还不正常，它们的行事并不正确。我们处在这样一个节点上，我们的生活与社会的基本需求恰好与那些从客观而非相对主义角度上称为"正常"和"健康"的东西不谋而合。

这确实是一种极其危险的观点，因为尽管它听起来非常客观并有别于社会学的相对主义观点，但其实它只是另一种未加阐明就将现象合理化的说辞。下面，我要花点时间力图表明，虽然我们的社会有许多优点，更有许多值得骄傲的东西，但我们现在的生活方式到底有助于心理健康还是更易导致心理疾病，这一点至少依然非常值得商榷。

在这些讲座中，我打算更加具体地分析我们的生活方式对人类的影响。它如何影响人类，影响我们的生活方式、社会组织方式、政治组织方式？它对我们的心理健康有什么作用？它在多大程度上有助于应对精神疾病？由此继续下去会有哪些不同的反应和可能，从而让好的东西更好并让坏的东西消失。

我意识到在1953年，事情有点情绪化。一方面，你会发现对于美国的批判如今只会出自斯大林主义者那里，从中你会听到不仅全美人民都在挨饿，而且在美国没有任何好事发生，一切都是坏事。这种批评用不着过多关注，至少从客观角度来看是如此，因为它只是谎言。我认为如今我们生活的世界是人类业已开创的最好的世界，这种说法倒并不为过，因为目前为止人类还尚未开创更美好的世界，对此我要批评的东西很多，至少从事态发展的角度看是如此。当听说这个世界多么可怕时，我的第一反应便是这样。如果一个人了解过去五六千年世界上发生的事情，他会说不论如何，这是迄今业已完成的最好的实验，即便它弊端重重，却给了人们憧憬建设性发展的希望，只要我们可以认清什么绝对必要，并避免可以规避的事情。

另一方面是爱国主义的看法，它认为美国的生活方式正是人们梦寐以求的。这是目前最好的生活方式，对此没有任何疑问。这是一种十分原始的观点，其中没有太多的思考，我甚至担心没有太多的关怀，因为我们知道说"我很厉害"不是美德，那么我不明白为何认为"我的国家很厉害"就成了美德。如果我到处说"我很厉害"，你会觉得我非常奇怪，也不会太尊重我；但如果我说"我的国家很厉害"，就会被认为十分明智，更会被看成一种美德。如果人们满足于发表这些陈述，而不去深究错在何处并对此毫不关心的话，这便是真正以自我为中心的表现，也是缺乏关怀的表现。

b) 现代社会的原则和态度

在讨论现代社会心理健康的具体问题之前，我想扼要阐述一下现代社会建立在哪些基本原则和态度之上，又根植于哪些原则和态度之中。

现代西方世界的第一条原则是，个人按照固定和规定的方式从自己所属的群体当中脱离出来，他必须更好地适应生活。他作为个体脱离出来，并已不再是某个静态社会的成员，就像中世纪历经数百年的封建社会那样。从某种意义上说，这就是我们所谓现代人的个人主义或自由，与之对应的是中世纪那种固定的、静态的地位，其中个人基本上是某个群体的成员，并且囿于这种结构的本质，他始终都是这个群体的成员。现代人已从这些初级束缚和原始结构中脱离出来。但是，我为自己正要提出的所有观点加个"但是"：他畏惧自己获得的这份自由。他不再是一个有机团体的成员，而已经成为一部机器，并拽住社会、规约、舆论和各种人群不放，因为他不知道如何应对个人的自由。他无法承受脱离以前那些束缚之后的孤独和自由，从前他的地位全由社会决定和赋予。

现代西方社会的另一特征与个人从社会集体组织中脱离出来产生的特征密切相关，通常称为"个体能动性"（individual initiative）。比如，在中世纪的行会制度中，成员依赖行会开展他的经济活动。在现代资本主义社会中，人们都是自由的。资本家是自由的，工人也是自由的。他们为了自己发奋努力，拓展各种所谓的"个体能动性"。然而，虽说这类个体能动性在十九世纪如此明显，但在我们实际生活的文化当中，人们具有的个体能动性越来越少。也就是说，在经济意义上他们可能具有个体能动性，但由于现代资本主义结构的某些变化，这种能动性比一百年前要少得多。如果你问除了如何投资之外，这种个体能动性在其他层面上是什么？如果我们刨根问底的话，它其实少之又少。

也许，在中世纪社会当中人们具有同等或更多的个体能动性，这是从生活的惊喜、人生的冒险、做出的业绩和与众不同的角度来看的。我这里要说，在大多数文化中，人们可能都比我们具有更多的个体能动性。我认为，个体能动性在人的意义上与它在纯粹经济意义上定然有别，而前者在现代人身上水平极其低下。

第三个特征在现代社会尤其典型，即我们已经创造出一种科学与活动方式，使我们战胜并掌控自然的程度可谓前所未有，而这一切都千真万确。但是，我们骄傲而踊跃地去主宰自然，却成为在此过程中自己创造的经济机器的奴隶。我们支配了自然，但机器却在支配我们。与许多文化中受自然支配并尚未学会掌控自然的人们相比，我们受自己用机器创造的产品支配的程度更深。至少，如果你考量地震或洪水的危险——它们都是自然的危险——并把这些危险与核战的风险加以比较，那么我认为这就能说明，我们受到自己产品威胁的程度要远超过那些受自然支配的文化。

现代文化的第四个特征是它的科学方法。所谓的科学方法，我指的是远超技术层面的科学方法。从人的角度上讲，科学方法是一种保持客观的能力，也就是说要谦虚地以本真面貌看待这个世界或其他人、其他事物以及我们自己，不通过我们的愿望和情感去扭曲现实。要对我们认识真理和现实的思维能力有信心，而且始终愿意借助发现的新数据来改变我们的思考结果，并诚实客观地直面我们可能发现的数据以变革自己的愿景。

从人的角度出发，我要说现代科学方法是人类发展当中最重要的一步，因为它是一种谦虚、客观、现实精神的表达。而在那些没有科学方法的文化中，这种精神在同等水平和方式上绝不存在。但我们对它做了什么？我们现在都是科学的崇拜者，并用科学陈述代替古老的宗教教条。对我们而言，科学方法全然不是谦虚或客观的表达，而只是教条的另一种阐述。普通人认为，科学家是一位知道所有答案的牧师，他和人们想知道的一切直接接触，就像牧师可以接触上帝、可以偶尔看到上帝并感觉自己在与上帝的交流中有所作用。有些人就会因此心满意足。如果你阅读《大众科学》①，知晓最近的发现，并且相信有些科学家知道所有的答案，你就参与到了这种新的教条——科学宗教——之中，而自己始终无需任何思考。

当代文明在过去两百年的另一个特征是我们的政治民主，这也是一个巨大的进步。这就意味着人们不仅可以决定税收的使用方式，而且可以决定社会所有的重要议题。他们可以自行决定。但你可能又会说，这种理念和原则最初是针对专制国家甚至封建国家体制而产生的，那些国家的人们无权参与有关自己生活的决定。如果我采用一种极为强烈的表达，其实这种民主在很多方面都已恶化：正如赛马场上的投注，所有的兴奋、冒险、非理性元素都认为三号马可能会胜出，因为我昨晚梦到的情况就是这样。尽管我不否认我们的投票过程总体而言存在一定程度的合理性，但无法将它描述为个人在社会事务中深思熟虑的结果。我依然认为它比我们拥有的其他东西要好，但它肯定与最初的构想相去甚远。

---

① 《大众科学》(*Popular Science*)，美国月刊杂志，创刊于1872年，是全球销量第一的生活科技信息杂志，共有11个版本以9种文字在世界各地同步发行。——译者

你可能会问，我试图描述的现代社会中所有这些新的因素是否有共同点，首先必须要把它们视为对前现代结构的否定来予以理解。个人自由、个体进取、科学方法、政治民主、支配自然，所有这些都主要作为否定得以表达。而现代社会是对封建结构中那些观点的否定，但我担心我们仍然困于依据两三百年前堪称全新的一种否定在表述并构思这些想法，而不是迈向全新的话语层面，不妨说是一种否定之否定，一种对否定意义的批判性评价；或者你可能会说，我们要超越否定并对我们欲求的东西给出全新的、更积极的表述。毕竟封建主义或者甚至专制国家，已经不再是我们的难题。一百年前，《纽约时报》（*New York Times*）的一篇社论就会是一份最启人心智、最振奋人心、最令人深思的文件，但我不觉得1953年的社论会对我产生这种影响，而且我认为这些社论不会对任何人产生影响——除了证实个人想法之外，毕竟这总是一种愉快的体验。

总的来说，我认为如果我们考虑自己文化和社会的积极特征，就应该认识到我们仍然困在这些否定当中，而且有点为时已晚。长久以来，否定的确曾经富有成效、作用显著，但我们应该从否定迈向一个新的层面，它要么是否定之否定，要么你可以将它表述为一种新的立场，正如我们所言。

c）人的境况和心理需求

在开始讨论我们的社会文化结构对人类及其心理健康施加的影响之前，我想先做一些更普遍的陈述，这对阐述我的方法很有必要。我首先声明一点，每个人都有必要回答自己存在的问题。

有一种普遍的假设认为，如果我们有充足的吃喝、充足的睡眠和绝对的安全，外加弗洛伊德所说的正常的性满足；如果所有这些都有供给并且不受干扰，那么生活就没有什么问题。但关键在于，这时问题才刚开始。

如果你没有充足的食物，如果你连最基本的生活都难以保障，那么你确实有问题，但你仍然没有触及人类存在的真正问题。我们回到欧洲那些经济均衡、信仰新教的小国，它们在生活层面已经解决了大部分的问题。它们有充足的食物，它们之间存在合作，它们没有激烈的竞争，它们甚至没有战乱。但在这种生活中，充斥着大量隐秘的无聊，而这会引发诸多心理健康问题。

我们时常谈论生活的苦厄，比如疾病、精神问题、酗酒等等。但我认为我们并未充分意识到，生活中最大的痛苦莫过于无聊，人们不遗余力地逃离它、掩盖它，而非去躲避它，因为这的确不太容易。当然，你可能会说，我们每天有八小时不会无聊，因为我们在努力工作；我们感谢上帝给予睡眠的需要，这又填充了另外八小时；但我们最大的问题是如何填充剩余的八小时，以及如何应对生活中不断浮现的无聊。

人类的境况以深层对立和矛盾为特征。其中最基本的矛盾在于，我们存在的局限归根结底表现为必然的死亡，这说明我们在全部生理组织上是动物世界的一部分，但同时我们又脱离了动物世界。在身处动物世界之前和之中时，我们又不属于它。我们有思维和想象，这几乎迫使我们意识到自己是不同的、独立的实体，而我们的结局却不可避免，这又与生命完全对立。

在生活中，我们始终面临这些矛盾，必须要从中寻找一些意义。我们不能只是活着，只顾吃喝而不管人生的意义。我们必须对生活的问题给出一些答案，必须在理论和实践上给出答案。我这么说的意思是，我们需要一个参照框架，借此在生活中自我定位，它可以让生活的过程和我们在其中的位置不仅合理而且具有意义。除非我们发疯，或者像有些人强迫性地遵循一条逃避路线来压抑自己对存在问题的感知，而且许多人几乎彻底将其压抑，否则我们就会遭受人生意义问题的困扰，故而需要某种参照框架和定位以便赋予人生一定的意义。这不仅是一种智力参照框架，我们还需要一套针对奉献目标的组织原则，我们投入其中的精力将超过我们从事生产和繁衍的需求。

你可能会说：这难道不言自明吗？对此如何证明？我不知道自己能否令人满意地证明这一点。但我想说的是，通过观察自己作为个人出发的起点，并观察那些寻求心理救助的人们以及世界万物，我感觉人们需要一个赋予意义的参考框架，同时也需要一种奉献目标，它让我们把精力集中到事业上，这将超越我们为了存活而进行的物质生产。以上两种需求极为重要，没有人可以回避它们。从这个意义上说，我们都需要宗教——只要对宗教的定义足够宽泛，将它视为一种定位体系和奉献目标，也不管其中的具体内容是什么。依据这个定义，我们当然既可以谈论自己熟悉的西方世界中的有神论宗教，还可以谈论佛教、儒教、道教，以及斯大林主义或法西斯主义——这类主义也满足了人的需求，也即我们文化当中由一种宗教满足的那些需求。

d) 心理健康与宗教需求

人们针对存在的问题可以给出很多答案。其实，如果你拿起一本有关宗教历史的简易读本，可能就会找到针对人类存在的问题迄今为止给出的所有答案，不同的宗教就是对同一问题的不同回答。如果你读一本精神病理学教材并对神经症和精神病加以研究，就会发现神经症和精神病是人们针对存在的问题给出的更为个人化的答案：那些患有神经症和精神病的人，时常对意义的追寻要比大多数迟钝的人更为敏锐。你可以说这些人的追求在这个意义上是宗教追求，他们对于一个特定参照框架、某种特定奉献目标的追求符合你所处文化的要求。正是因为他们更为敏感或者不太容易忽略这种需求，于是发展出自己的先知宗教，而精神科医生则称之为神经症或精神病。

我有时在想，一个人如今是否只有为了感受某些东西才会发疯。莱辛①曾经说过："不为某些东西疯狂的人就不会失去理智。"这说的几乎是同一个话题。我担心我们都过于圆滑，或者至少精神科医生在判断何为神经症、何为疯癫时过于圆滑，而这种立场只是再次假定我们的感觉方式、经验或者针对存在问题的答案基本上都会让人心满意足。因此，如果他心存不满并发展出一套更为深刻或更为独特的定位或奉献体系，那不妨可以说，他只会被人当作疯子、精神病。

---

① 莱辛（Gotthold Ephraim Lessing, 1729—1781），德国剧作家、批评家、美学家。——译者

我并不是在说，所有的疯子都是圣徒并受到了上帝的感召，正如有些原始文化信奉的那样。我认为对理智和疯癫的现代区分有合理之处，但无法苟同这种言之确凿的论调。你大概知道有些精神病院里大夫和患者之间的玩笑，即大夫和患者之间唯一的区别就是谁有钥匙。我认为这是一个很好的表达方式，它说明我们有关什么是理智、什么是疯癫、什么是神经症、什么是正常的所有定义都有值得质疑的余地。所有这些定义都基于如下假设：我们当中的正常人群已经找到有关人类生存问题圆满的答案，任何无法文雅或欣然地接受这个答案的人，任何寻求某种特殊解决方案的人都有病，而且绝对有病。

宗教在广义上可定义为对一种定位体系的需求，对所有人来说它在形式上都是独特的东西。我需要补充一句，若我们在广义上使用这个术语，这里的选择并非处在宗教和非宗教之间。这种选择只在"好的"宗教和"坏的"宗教之间，或者一种"更好的"宗教和一种"更坏的"宗教之间。换句话说，我们都是"理想主义者"，我们被超越自身利益的动机驱使。这种"理想主义"是最大的福佑，同时也是最大的诅咒。人类对世界所做的任何坏事，没有一件不是出于纯粹的理想主义。这里理想主义的定义并不限于特定的语境，而是由我们超越生活日常的那些奋斗决定，并由我们为超越基本生存而创造的参照框架和奉献目标决定。

以某人是"理想主义者"作为借口着实愚蠢。我们都是理想主义者，唯一的区别在于我们的理想是什么。我们受毁灭、支配、控制、扼杀生命的愿望驱使，这从心理学上来说也是"理想主义",依照我的定义,它与我们对于爱情和合作的渴望基本相同。但唯一的问题是:我们对这个世界是危险还是福祉?只有在特定宗教或理想的背景和目标之下提出,我们才能有意义地讨论这个问题,而非只是宣称有些人是理想主义者,另外一些人不是。

在世界上有些国家,我们已经并且仍将看到,有人单凭自己是理想主义者就成功地打动他人,还因此为他们的恶行赢得尊严。我们依然持有奇怪的想法,认为身为理想主义者就是好,不应该将它等闲视之。我们都是理想主义者,这并无什么称道之处,因为我们对此也无可奈何。我们只是被迫如此而已。问题的关键在于,要克服对理想主义与宗教以及其他一切的崇拜,并提出真正关键的问题。你的目标是什么?愿望是什么?有什么影响?你的理想以什么作为参照框架?

当然,如果我们现在可以谈论好与坏的宗教以及好与坏的理想,便回到了我一开始就谈到的问题:是否存在任何客观有效的价值判断标准?即使冒着被人视为毫不科学和教条主义的风险,我也只想宣称自己认为有益于心理健康的客观有效的目标。抱歉我说的话极其陈旧,里面连一个新词也没有,因为尽管我可以使用一些新奇的科学语言,但我更偏爱有意义的旧词,而我们所有人或者至少我们当中的科学家,如今对这些旧词却都避之不及。

我言下之意是,与人生存状态下的本性对应的生活目标,正是个体可以关爱、可以运用自己的理性、可以客观谦虚地接触自己外部与内部的现实而不至于扭曲人性的能力。这种与世界的关联是能量的最大来源,它远超身体化学反应所产生的能量。对创造来说，没有什么比关爱更为有益，只要它发自真心。接触现实、摒弃虚幻，谦虚客观地看待真相，不谈让我们与现实割裂的事情，这才是任何安全感和自我感知的基础，而不需要任何道具来代替身份认同。

我认为虽然无法彻底证明所有宗教都宣扬这些目标，但这确实是大多数伟大宗教的目标。鉴于此，这些目标并非只是源于信仰的玄学，尽管玄学目标是过去五千年几乎所有伟大宗教所宣扬的。现代人类学、精神病理学和心理学表明，通过研究人的本性以及人存在的问题，正如借助大量实验证据来说明维生素的效用一样，我们就会发现这些目标正是应对生存复杂问题唯一让人满意的最佳解决方案。

2. 当代文化中的参照框架和奉献目标

（第二场讲座：1953年1月28日）

a）宗教真空

我上一次谈到，人们需要参照框架和奉献目标作为普遍的基本需求，这在一种文化中由我们通常所说的"宗教"予以满足。

我们如何看待当代文化中的这种参照框架和奉献目标？我说的当代文化指的是中世纪末以来的现代发展。我们可以说在现代社会里，中世纪宗教文化的终结引发了所谓的宗教真空。宗教的封建秩序并没有被任何东西取代，我们所目睹的是一个在宗教参照框架和奉献目标意义上不断增长的真空。

今天，我们看到的景象在许多方面与我们在北美或墨西哥印第安人中看到的基本相似，即不外乎一层基督教的外衣。但它们之间依然存在差异：对印第安人来说，这层外衣还有点东西，就是他们古老的异教传统；而对于我们来说，我恐怕它近乎虚无——只是一层外衣，下面并没有古老、强大而潜在的宗教传统。

由于这种真空，新的宗教得以发展并取代旧的宗教，新的宗教本质上是法西斯主义的宗教和斯大林主义的宗教。这种宗教正是我所定义的宗教，即一种参照框架和奉献目标。这并非宗教是与否的问题，而是宗教好与坏的问题，因此从任何价值上来说，法西斯主义和斯大林主义都没有资格被称为宗教。这只是针对一种体系的陈述而已，它提供了参考框架和奉献目标，为此人们不仅愿意去死（这非常糟糕），而且愿意放弃自己的理性（这也许更糟），这正是此类"宗教"可能产生的结果。它们之所以浮现于世，并具有如此巨大的力量和魅力，正是因为宗教真空在二十世纪变得愈发强劲——它在十九世纪还不太强势，那时宗教道德传统在人们的生活中和现在相比至少是一个影响更大的因素。

在美国，你会发现一些奇怪的东西在小范围内取代了宗教。比如，名叫"科学教"① 的运动，它围绕《戴尼提》（*Dianetics*, 1950）这本书展开，作者为罗恩·哈伯德（L. Ron Hubbard）。这本完全疯狂的著作立即成为人们关注和膜拜的中心，信众不仅包括很多笨蛋，而且不乏一些睿智的知识分子。这是一个惊人的现

---

① 科学教（Scientology Church），又名"山达基教"，20 世纪 50 年代由罗恩·哈伯德在美国创立，由于危害较大，目前已被不少国家认定为邪教组织。——译者

象，人们显然需要某种东西作为信仰，即便它荒诞不经，或者正因为它荒诞不经、超越常识。由于它构成了对某种东西的幻想，故而才会成为成千上万人关注的中心和兴趣所在。我相信如今美国还有许多其他小型运动，它们都具有同样的功能。你可以说在某种意义上，人们对精神分析的追捧虽然不像对《戴尼提》那样缺乏理性，但它同样具有一些特征和品质可以满足个人对一种新宗教的追寻和轻信。弗洛伊德凭借自己的专断，就让这事变得易于实施。

我认为有一点与我们的宗教真空关系很大，那就是戏剧元素缺失的问题，即**我们现代文化中仪式的缺失**。总体而言，生活在两极之间来回摆动，其中一极是日常，另一极是戏剧，后者作为高度奇特的体验而突破了日常的羁绊。我相信日常扮演着重要角色，而且必须扮演重要角色，因为它在某种程度上确保我们可以吃喝、工作。如果我们的生活中没有太多的日常，一切都会瓦解。我们也许会觉得那像是天堂一样，因为我们的内心体验异常强烈。然而，一切都终将分崩离析，任何组织社会将不复存在。

日常很有必要，我们关注生活的单调乏味以及那些不太重要的事情，因为从我们作为个体和群体的生存角度来看，这其实非常重要。但与此同时，日常对人类也构成巨大的危险，这种日常本身植根于我们身为动物需要吃喝的层面，往往趋于掩盖、麻痹且最终扼杀我们的精神层面，而后者才是生活当中最重要的东西——如果你不介意我这么说的话——它就是我们的灵魂，我们对爱、对思想、对美的体验。你可以说，在每个人的生活中，在每一种文化中，都存在斗争和冲突，其中一部分生活和文化是日常，另一部分则触及人类的这种基本体验。

大多数文化都会对后者加以干预，而以戏剧的形式干预效力最强。这里，我使用"戏剧"这个词，因为我指的是古希腊戏剧。古希腊戏剧并非如今的戏剧，并非那种你买票作为消费者去观看的表演：如果《纽约时报》评论说它好，你也会认为它好，并感觉心满意足。古希腊戏剧却是一种仪式。它是一种宗教仪式，每个人的基本体验都在其中以戏剧形式得以呈现，而且这种形式可以冲破日常的羁绊。观看这种戏剧的个人并非消费者。他不是一名旁观者，而是参与到仪式当中，他会有所触动，这才是生活中最重要的事情。正如人们所说，戏剧具有宣泄效果。它净化了某种东西，它触动了某种东西。在观看戏剧表演时，个人再次触及自己内心和人性最深的东西。在融入戏剧的过程中，个人可以一次又一次地冲破自己的那一层日常。

在天主教当中，你也可以看到同样的情况。天主教的仪式是戏剧性的。我现在说的并不是具体的内容，而是社会生活中的形式元素。在参加仪式的过程中，你也触及自己内心的某些基本层面：它对复活、出生、死亡、上帝、圣母或其他事物的戏剧化表达、神职服饰的华美、教堂的壮丽，使参与者能够非常深刻地体验某种东西；而且正如古希腊戏剧一样，这种东西直接冲破生活日常与内心懒惰的层面。

我举一个自己最近经历的例子：一场斗牛表演。在西班牙和中美洲举行的斗牛并不是一项运动，就像古希腊戏剧并非我们现代的戏剧一样。斗牛是一项内容非常具体的仪式，它象征着野性与精神、智慧与优雅之间的斗争。这两种原则相互对抗，二者以公牛和斗牛士为象征。它通常以公牛的败北和死亡结束，你在这种仪式中目睹的是纯粹的死亡和人类胜利的逼真体验。这种仪式让我们得以接近某些最基本的体验，而对大多数美国游客而言，我认为这种接触过于接近了。通常来说，他们感觉这很残忍。我不认为这是真正的原因。他们只是不习惯如此接近生命和死亡的真相，因为这一切都已有所伪装和遮蔽。

在我们的文化中，戏剧的功能、仪式的功能何在？我们的文化在何处提供大多数伟大文化能够切实提供的体验？我们真正具有的唯一仪式，便是两个男人或两个队伍之间的竞争，这正是我们痴迷棒球、足球比赛以及总统选举的原因所在。两个男人打斗时，存在一个真正的问题，存在一些生活的基本事实。然而，这绝不能与你从斗牛当中所见问题的深度相比，因为两个男人打斗其中一个会赢，这实际上是生活中一个简单而朴素的问题。那又如何？这种情景具有一定的相关性，但与人类生存的重大问题以及所有伟大文化仪式中表现的生活相比，它只是一个非常次要的问题。不过，这就是我们具有的一切了。

但人们似乎有更多的需求。纳粹分子意识到了这一点。他们引入了新的仪式。毫无疑问，这些体系的成功部分就基于以下事实，即它们可以满足人类对戏剧元素的体验。在我们的文化中，人们又如何满足这种需求呢？

如果你发生车祸，会看到二三十个人驻足围观。为什么？这看上去没有任何意义。但我认为很有意义，因为这几乎是接触死亡和突发事件的唯一机会。这是现存戏剧最低的形式，但至少其中还有戏剧元素。我知道一起案件，地点我忘记了：一个女人在房子里被谋杀。两周之后，数百人开车到郊外查看这栋房子。没错！这和人们围观车祸一样意义微弱。他们不想出手帮忙，但他们并不笨，这其中多少有点意义，它让个人触及戏剧或更发达的文化仪式所要表达的东西，而这种东西在某种程度上具有一定的净化效果。

显然，观看一场火灾、一次车祸、一幕血案，它本身并无任何净化效果，但围观冲动依然十分强烈，因为在一种几乎完全营造日常而非戏剧的文化中，这是接触任何戏剧元素的最后一线希望。我非常喜欢阅读侦探小说，我怀疑它们的功能正在于此：我们可以接触一点带有戏剧色彩的东西，至少其中会有几个人被谋杀。这多少有点戏剧色彩，问题在于罪犯是否被人找到，正义是否将他绳之以法。在我看来，你奇妙地碰上了一个形而上学的问题。

我们渴望接触生活的现实，因为我们的现实是人工的产物。它们是习俗和汽车构成的现实。我们渴望接触在大多数文化中由宗教或类似宗教提供的东西，而对于我们自身来说，几乎没有什么值得一提。

现在，我想首先讨论一些主要概念。我觉得这些概念需要被理解得更为透彻，以便来评估当代社会的心理状态。在此之后，我将讨论我们文化当中心理健康这一关键问题，至少在我看来它相当重要。

b) 关于工作的概念

我要从工作的概念开始讨论，并试着扼要描述这个概念的发展，我认为对此有所了解十分重要。你可以开场就宣称，工作极大地解放了人类，人正是从工作入手开启他的历史、他真正的人类历史。在开始工作的那一刻，他便从原始的人与自然的统一当中脱离出来，并在逐步远离自然的过程中、在成为改变自然的主体过程中，同时也改变了自己。他成为一个创造者，而非自然的一部分。人发展了理性思维与艺术审美的能力。他在与自然的关系中发展了表现自己力量的能力，并在这个过程中作为个体发展了自己。

毫无疑问，人类的发展建立在工作之上，并在很大程度上与人的能力发展相伴而行。从这个意义上，我们可以说是工作解放了人，它在人类的发展中可谓最重要的因素。因此，我们可以补充认为，人的工作方式在他整个的人格发展中是最重要的一个因素。你可能会说在中世纪，工作作为一种解放、变革的力量，它的功能实现了最高层次的发展。但我并非只是说在中世纪，类似的情况在人类历史上其他多个时期都有发生。

你发现当时的工匠已经成为生产的独创个体，他们享受工作的过程，制作精美的物件，直到今天我们也很难重复，这不仅适用于中世纪，也适用于世界上的许多文化，甚至包括有些我们所谓的"原始"文化。然而，现代开始之后，又出现一种非常奇怪的发展，在北半球新教国家尤其如此。工作的乐趣变成了一种义务。工作变成一种抽象的东西、一种义务、一种达到目的的手段，并且起初在加尔文教①与新教的教义中，它还成为一种救赎

---

① 加尔文教（Calvinism），16世纪宗教改革期间由法国的约翰·加尔文（Jean Calvin, 1509—1564）创立的基督教派别，与德国的路德教派和英国国教并列。——译者

的手段。它逐步成为一种宗教行为,但在这个过程中它也变得抽象起来。从本质上讲,工作不再是制作一把漂亮的椅子、珠宝或其他物件的乐趣,而是个人成功的一种表征,由此说明他获得上帝的恩典,成为上帝的选民。你不妨可以说,作为满足乐趣的工作已经变成一种偏执和义务,一种本身就让人痛苦的东西。但正如任何偏执的活动,它具有一项非常重要的功能,那就是让人保持心理平衡,因为除了这种工作之外,他对其他任何东西都不会真正感到心安。

工作的这项功能用于描述中产阶级、企业家以及拥有卡车或工厂的业主很合适,但它对于十八和十九世纪那些只能出卖劳力的人来说并不适用,因为从个体能动性来看他们的工作并没有任何意义。十八或十九世纪每天工作十四或十六小时的劳工,以及在厂里工作十小时的儿童,他们并非强迫性地去工作。他们并无信仰的道德束缚,人们不会疯狂工作以报答自己的神主。诚然,他们的工作是强制劳动,为避免挨饿必须这样,它在本质上就是如此。

随着现代社会的开始,工作的概念和现实出现两个分支:强迫性工作(compulsive work),它在新教加尔文宗派当中具有一定的宗教意义;以及所谓的强制性劳动(forced labor),这正是穷苦阶层被迫从事的工作。这是他们不会挨饿的唯一方法,而十九世纪的经济条件表明,经济压力非但没有减弱,反而在增加。

二十世纪又出现新的发展动向,因为工作已经失去它在十九世纪由新教加尔文宗派所宣扬的诸多义务特色。我们已不再像祖辈那样痴迷于强迫自己工作,但其中却出现了某种新的东西。从特殊意义上来说，我们在为机器偶像的成长而工作。受人膜拜的机器是一台工作的机器，我们今天痴迷于一种不同于中世纪工作概念和新教工作概念的东西，它甚至已经不是十九世纪如此重要的利润概念。如今，我们着迷于一台生产机器的成长。生产本身就是我们膜拜的一个宏大幻想。它已经成为生活的一个目标，它要见证事物如何生长：它既非有机物，也不是花卉，而是更为强大的机器、更多的产品、更快的汽车。

这是工作的一条发展线路：工作是人类目标的实现，是强迫与义务，本质上是为牟利。你甚至可以说，工作是机器祭坛的崇拜行为，它本身就具有一种价值和意义。

另一条有关工人的线路如何发展？对于十九世纪初期的工人来说，工作就是奴役。工作是强迫劳动，但我们已经看到巨大的改善，工人阶级的状况发生了根本的变化。如今我们每天工作八小时，甚至更少。工作已经完全摈弃强迫劳动和让人非常痛苦的色彩。然而有一点始终未变：对劳动者来说，工作并没有变得令人愉快、富有意义，尽管近年许多研究和举措都力图要搞清产业劳动是否可以变得更有意义。我后面还会回到这个问题上来。

一个像美国这样的国家，它的社会结构已经发生巨大的变化，受人雇佣、灵活就业、领取工资和薪水的人数正在猛增。如今，我们看到一种完全懒惰的愿景，一种"有朝一日不用工作"的理想，这居然是人们最大的祈愿。拿人寿保险公司的广告来说，那对神秘夫妇每月只需支付两百美元就可以到处旅行，他们觉得自己不用再工作了。生活中最吸引人的愿景便是"终有一天我不必做任何事情"。因此，毕业生在二十五岁入职大公司之前，就会思考自己的退休计划。这正是我们这个时代的特点。

这些小事非常重要并很有启发性。第二次世界大战期间,有一个冰箱的系列广告:你只要按一个键,它就会转动起来,这样就免去伸手取东西的麻烦。我相信成千上万的人们都在寻找这种幸福,他们可能会买一台很棒的冰箱,省去很多劳动。

拿我们的汽车来说,你根本没必要换挡。哦,这也许非常实用,我能看出来。从安全角度考虑,他们说这非常有利,对此我无从判断,但我认为其中的魅力并非来自安全因素。这种魅力在于,它是一种轻松操控、按钮启动、无须费力就能开车的愿景。在很大程度上,这正是人们对电视的态度。我现在不是反对电视,但我想要说的是,我确信它之所以让人着迷,人们之所以醉心于这台神奇的机器,其中的一个心理动机就是:当他们坐在椅子上按个键,整个世界就会出现。要么美国总统出现,要么国际事件出现;如果有人着火,或者悲剧发生,也会出现。而他们要做的就是坐着按个键。如果你对此思考一番,并浏览我们为各种产品制作的广告,就会再次发现那种完全懒惰的巨大魅力,因为你无须任何努力,就可拥有巨大的力量。

前几天,我看见一位熟人让自己三岁的儿子去按汽车的启动键。我非常震惊,竟一时无语,但试想这对一名三岁男孩而言又意味着什么。虽然他对此一无所知,几乎挪不动一辆一二十磅重的小木车,但他已经有了这样的经验:只要一丁点力气,就可以启动一台一百二十马力的机器。这便是我们感受和思考的方式。这听起来着实矛盾。我们可以制造出一枚炸弹摧毁整个宇宙;有人从太空就可以启动按钮引爆炸弹——从某种意义上说这正是幻想的部分内容——而且即使最具破坏性的力量,只要略动一下手指,就可以为己所用。

c)生产与消费崇拜

我们当代宗教的一种形式便是对一个特定偶像——生产本身——的崇拜。一百年前,问题更多在于我们生产不是为了使用而是为了利润,获利才是核心的动机。如今,问题已不再是为了利润而生产,而在于生产毫无目的。人们生产一切东西,因为生产本身已经成为上帝,它自身已经成为目的。人们只对生产行为着迷,正如他们在宗教文化中会对宗教符号着迷一样。

生活在这种文化中,我们看不出对生产行为的着迷是一种宗教态度。我们认为这十分自然,因为它不用宗教术语进行表述,而我们提起宗教就会谈论基督教或犹太教、十字架或宗教仪式。因此,在我们的意识当中,虽然如此着迷于为生产机器服务,但还是不把它称为"宗教"。对现代人而言,这既是他生活当中参照框架的一部分,也是他奉献人生的一个宗教目标,而且物件越来越大、质量越来越好、数量越来越多。

与之对应的是消费问题。显然,我们消费是为了获得乐趣。我们吃某样东西是因为它味道好,或者我们想住一栋房子是因为它漂亮。消费当中存在一个非常现实的目的,那便是满足我们的需求和乐趣。但在我看来,正如生产已经成为自身的目标一样,消费也已经成为自身的目标。我们执迷于购物这一想法,并不太在意所购之物是否有用。我们的经济正是建立在这种心理因素之上。广告人士对它加以拓展利用,把这种知识用于实际问题,进而向消费者推销他们的产品。

如今，我们购买任何东西都只觉得很少的乐趣。关键在于你要尽快购得新的东西。当代人会如何去想象一个现代城市的天堂呢？它定然不再是穆斯林的天堂或诸如此类的东西，而是一个堆满各种玩意的天堂；在那里，你可以买冰箱、电视和市场上所有最新的玩意。你的购买力毫无限制，你每年都可以买新款——或许，你在天堂每天都可以买新款，因为那里是天堂。在这种天堂幻想中，思维方式就是更快地生产各种玩意。你会拥有现实生活中从未拥有的东西。你真的可以买到一切。你不会让这个东西每天吊着你的胃口，盼望着明年或后年可以购得。现在它就在那里。

我真的不认为自己是在开玩笑，眼下发生的情况确实如此，就天堂的宗教愿景而言，我们没有经历这种情况，毕竟这只适用于更明显的宗教形式。这种不断购买的态度，这种我们可以得到无尽物品的宗教期待，这种幻想拥有新东西的狂欢式乐趣，会让我们的态度延伸到新款商品之外的其他东西。我们已经成为一切的消费者，科学的消费者、艺术的消费者、讲座的消费者、爱情的消费者，并且态度始终一样。我付钱得到东西，我有权得到它。我无需刻意付出太大努力，因为我购买并得到东西始终都是个交易问题。在某种意义上，消费者的这种态度你可以在许多同类现象当中看到。人们对艺术、科学、爱情的体验，和他们购买最新款式商品的体验几乎一样。其实，这也是一个人结婚的方式。这与我们看到的最新款式有很大关系，因为它是最成功的款式：可以得到的个人似乎就很有魅力，这俨然就是个人价值的证明。

　　工作作为乐趣或者义务的传统概念已不复存在，我们的当代宗教若说存在的话，它的两个特征就是对生产的崇拜和对消费的崇拜。二者与任何现实都毫不相关，但正是现实让人类存在有了意义。

　　我想如果明天就出现这种情况：人们每天只工作四个小时，得到的工资是现在的两三倍，那么诺曼·托马斯①或者"新政"②代表以及许多共和党成员所描述的梦寐以求的目标就将实现。事实上，这也符合五十年前社会主义最热切的梦想。它远比卡尔·马克思畅想的社会主义或暴力革命的直接目标更为激进。我想这样的事情很有可能变成现实。随后会发生什么？那将是多大的灾难！你会出现多少次心理崩溃和精神病，因为你根本不知道如何打发自己的生活和时间。人们会疯狂购物，每隔半年就换一辆汽车。人们甚至到时会感到一种极度的失望。这样的天堂、这一切的成就，纯粹毫无理由，并且没有任何意义。

　　当前现状之所以持续下去，正因为你永远不会到达天堂，它总是十分遥远。你因而心存安慰，认为总有一天会有办法和得到拯救，但你几乎无从经历那一天。根据大多数人的收入统计，你会始终抱有希望并从不气馁，因为你总认为还不够；如果有更多

---

① 诺曼·托马斯（Norman Thomas, 1884—1968），美国长老会牧师、社会主义者、和平主义者，曾以六届美国社会党总统候选人的身份而闻名。——译者
② "新政"（the New Deal），二十世纪三十年代爆发经济危机后，美国政府为应对全面萧条推出的一系列经济、文化等改革措施，富兰克林·罗斯福时任总统，故常称为"罗斯福新政"。——译者

的收入，你就会更高兴。但如果这样的情况果真出现：人们只需工作两三个小时，而收入会增加好几倍的话，那将是一场真正的灾难。

几千年来，作家们和理想主义者用最生动的语言描绘生活最美好的祈愿，那就是人们只用很少的时间去工作，就可以获得生活必需的物品；各种商品将极大地丰富，而且什么都不缺乏。试想一下如果这种生活今天就能实现，它在现实上又意味着什么？人们只能竭尽全力对此加以规避，因为这将导致一场真正的精神灾难。我们尚未准备好追寻自己生活和时代的意义，它却成为这种生产与消费宗教的部分内容，而在这种宗教中的二者与任何人真实具体的需求都毫不相关。

d) 关于幸福与安全

现在，我要讨论我们使用的其他一些概念，对此我们应该加以阐明。我们依然非常关注**幸福**的概念。这是一个古老的传统，我们仍在使用这个词，并声称自己的目标就是幸福。在两三百年前的新教国家，这并不是生活的目标。那时，人们的目标是取悦上帝、对得起自己的良心。如今我们说自己想要幸福，但这所谓的幸福是什么意思？哦！我猜如果你诚心去问人们，大多数会说，如果不过于世故的话，幸福就是开心。什么是开心？你们都知道人们所说的开心是什么，其实它与其他文化所描述的幸福关系很少。人们甚至没有试着去想象那种幸福。它到底是一种心态，还是个人在生活中只有极少的时刻才会感到的幸福？它是偶尔开花的树木那罕见的果实，还是说这棵树木必须要在那儿才能偶尔结出果实？

我想从心理学角度谈一谈幸福。你会发现许多人会把幸福定义为悲伤或苦难的反面：苦难和悲伤是一回事，而幸福则与之相反。从这个角度来看，他们对于幸福的愿景或概念，就是自己没有痛苦、没有烦恼、没有悲伤。但这个概念在根本上有误，因为如果你不经历悲伤，就没有活着；如果你没有活着，就不会幸福。在生活中，悲伤和痛苦与幸福一样都是重要组成部分。因此，幸福肯定不是其他事物的反面；而从临床上讲，你可以非常准确地发现，它是抑郁的反面。

什么是抑郁？抑郁不是悲伤。一个真正抑郁的人会非常希望自己可以感受悲伤。抑郁是缺乏感受能力的情况。抑郁是一种你的身体活着但内心死亡的感觉。抑郁与痛苦和悲伤完全不同，它甚至与这二者毫不相关。它既无法体验欢乐，也无法体验悲伤。它是任何情感的缺失。它是一种死亡的感觉，对抑郁个体而言是无法忍受的。它之所以如此令人无法忍受，正是因为个人没有感受能力。

幸福是表现强烈生活的一种形式。根据斯宾诺莎①的定义，强烈生活的体验与欢乐或幸福完全相同；而另一方面，人们所患的抑郁在本质上是一种感受的缺失。在强烈生活中，你既有痛苦也有欢乐，二者相互依存，都是强烈生活的结果。作为二者的反面，患上抑郁之后就缺乏感受的强度。如果你今天告诉一个普通

---

① 斯宾诺莎（Baruch de Spinoza, 1632—1677），荷兰犹太裔哲学家，西方近代唯物论和无神论的主要代表，主要著作有《神学政治论》（1670）和《伦理学》（1677）等。——译者

人，（一种）最痛苦的心理疾病就是缺乏感觉，我想会有很多人对此无法理解。事实上，很多人会说："那太好了，完美极了。如果我感受不到任何东西，到底又会是什么感觉？我想保持安静，我不想有麻烦。"他们不懂那种几乎难以忍受的体验，在那种迥然不同的心理状态中个人无从感觉任何东西。

依据这个定义，我们文化中的正常人相当沮丧，因为他们感受的强度严重降低。如今那些患上抑郁的人，也许他们并不比我们缺乏活力、更加自我异化、更加脱离现实，只是我们具有对抗抑郁的机制，而他们没有。诚然，存在许多机制可以对抗那种丧失生命的感觉。我们的娱乐行业、工作、鸡尾酒会、闲聊以及所有的生活日常，都是为了对抗那种我们确实感到自己感觉不到任何东西的可怕时刻。这些东西可以保护我们免于抑郁。有些个体没有受到保护，或许因为他们的敏感性更高。也许那种无从感受的心理状态，已被他们以一种更为敏感的方式加以体验，因此防御机制也就不太奏效了。

我们发现一种普遍心理状态，那就是感受强度总体上在降至抑郁水平，尽管这只在统计学上有意义，而不是对每个人有效，也不论我们称为"快乐"和"工作"的诸多防御机制如何缓解或者补偿抑郁。

我们经常使用另一个术语"安全"（security），它在许多政治讨论当中甚至已经成为一种口号。如今，你会发现许多精神病医生和精神分析师都说生活的目标就是平安无事、感到安全。父母抚养孩子时更是担惊受怕，他们对孩子是否感到安全非常忧心。如果孩子看到另一个孩子拥有更多的东西，这个东西得马上买回来，这样他才会感到安全。安全在本质上依据人格的"市场标准"进行定义。据说有些精神病医生认为，如果个人获得成功、有所作为、达到标准并代表一种成功模式，他就会感到安全。我们偏执地把安全视为人生的目标。

有些评论人士深信，人们对安全的执迷削弱了主创精神。然而，当他们不去质疑一个人以存下一百万美元为目标或者购买人寿保险来确保自己晚年安全时，他们谈论的是基本经济保障、养老金等等，认为这种安全态度也不应受到谴责。不过，他们还是触及了一点，即我们的生活围绕心理安全展开，其中生活丧失了所有的冒险意义。比如，像墨索里尼那样的人，他是个出了名的懦夫，却心怀戏剧元素，还创造了一个口号，呼吁人要危险地生活。哎！但他自己却不这么做。不过他的结局十分糟糕，采取了所有的防范措施也无济于事。然而，他居然认为人们有理由把生活当作一场冒险。

心理发展的目标是能够承受不安，因为人在世上但凡有理性，就会感到我们在各个方面都不安全。这倒不是因为原子弹，而是因为我们的存在方式。我们在身体上不安全，在心理和精神上也不安全。与我们应该知道的相比，我们几乎一无所知。我们尽力理性地生活，但对如何行事又一片茫然。我们让自己的精神生活而非物质生活，几乎每分钟都处于更大的风险之中。我们对于生活过程的认知大多有误。如果加以反思的话，我们确实极不安全。任何人但凡只是片刻意识到自己作为个体在本质上的孤独，定然也会感到局促不安。其实，倘若与这个世界没有关联，他连一分钟也无法承受这种体验。这里他要有自我关联的勇气，或者用蒂里奇博士的话来说,要有"存在的勇气"(The Courage to Be)(P. Tillich, 1952)。

我们惯于制造没有勇气的人。他们不敢以激昂或强烈的方式生活,他们被训练成将寻求安全作为生活的目标,而在这种情况下安全只能通过彻底的趋同和死寂才能实现。在这个意义上,你可以说欢乐和安全完全矛盾,因为欢乐是强烈生活的结果。如果你强烈地生活,就必须能够承受严重的不安,因为生活每时每刻都是一件极其危险的事情。你只能希望自己不会迟疑,并在这个过程中不会完全误入歧途。

当然,人们仍有冒险的意念。那种过于安全并完全丧失冒险感觉的生活如此无聊,以至于它变得几乎毫无可能。因此,各种类型的影片、图书,也许还有侦探小说,都力图解决这个问题。或者,你会阅读每年关于人们离婚的绯闻,因为这至少也让人感觉是一种冒险,尽管听上去并非那么勇敢。

3. 异化与心理健康问题

(第三场讲座: 1953年2月2日)

a) 异化与抽象

我要谈一下在我看来什么才是心理健康的核心问题:答案是自我异化,即我们与自己、与自己的情感、与他人和自然的疏离;或者换一种说法,就是我们与自己的内部世界和外部世界的疏离。

让我试着解释一下何为"异化"(alienation)。当然从字面上讲,这意味着我们于自己而言是陌生的,或者外部世界于我们而言是陌生的。鉴于这还依然只是些术语,我必须稍微解释一下我的定义。

现代社会和我们当前经济的一个本质特征便是市场的角色。你可能会问,市场与心理学问题有什么关系?我认为在很大程度上,每个社会的人都由他们所处的社会经济条件塑造。这是卡尔·马克思的一个伟大发现,虽然我认为他可能机械地夸大了自己的理论,但又的确低估了许多人为因素。这些因素并不属于经济领域,但我仍然相信这是理解社会最广泛、最基本的一条途径。认可斯大林主义的人们声称采用的是马克思主义理论,这非常愚蠢,因为他们的理论与天主教当中以耶稣之名进行宗教审判的主张几乎一样。我认为它的愚蠢不仅在于这事并不真实,而且会让人忽视社会学中最强大的一种力量。(在墨西哥生活的两年半时间里,我的印象是"马克思主义"一词就像烫手山芋一样被人使用,我认为这对美国民主和科学思维没有任何好处。)

我所说的是一种以市场为中心的经济。大多数相对原始的社会体系都有市场。那种几十年前的小村庄集市,如今你在墨西哥和不太发达的国家依然可以见到。人们来到集市上售卖自己的货物,顾客则来自周边地区。他们大体上知道谁会来。他们乐于看到对方且乐于交谈。这不仅是生意场所,更是娱乐场所。从这种更为原始的市场形式中,你发现有非常具体的事情在上演:带到市场上的东西是为特定目的而生产的。卖家多少认识那些前来买货的人。整个事件是一种非常具体的交换场景。

我们的现代经济已经被市场以完全不同的形式支配。它不由人们摆摊卖货的市场决定，而是由你可以称作"国家商品"（National Commodity）的市场支配，其中价格和生产由需求决定。这个"国家市场"是现代经济的调节因素。你的价格不由任何经济团体口头决定并按价支付，那只是战争时期或某些情况下的特例。你的价格或价值是由市场机制决定的，它不断趋于平衡，并稳定在某个位点。

这一切在心理学上又有什么意义？市场上发生的情况便是，所有的东西都作为商品出现。一件物品和一件商品区别何在？这个水杯是现在我用来盛水的物品。它对我非常有用。它不是特别漂亮，但它就是它。然而，作为一件商品，它是我能购买的物品，它有特定的价格，我不仅把它视为物品，正如人们说它具有一定的使用价值，而且具有一定的交换价值。它在市场上作为商品出现，其功能在于人们可以把它描述为一件 50 美分或 25 美分的东西。我可以用金钱来表述这个物品，或者以抽象形式来表达。

这让我们再进了一步。比如，举一个非常简单但十分矛盾的事例。你可以说一幅伦勃朗[①]画作的价值是一辆凯迪拉克的 5 倍。这个说法完全合理，因为你可以从抽象的角度来比较伦勃朗画作和凯迪拉克，也就是说可以用金钱来衡量它们。其实，这个说法非常荒谬，因为严格说来伦勃朗画作与凯迪拉克没有任何关系。

[①] 伦勃朗（Rembrandt, 1606—1669），荷兰画家，擅长肖像、风景、宗教等题材，可谓欧洲 17 世纪最最杰出的画家之一。——译者

现在有一种比较和并置的方法，只要把每样物品用金钱加以抽象，两样物品就可以形成某种关系。因此，你可以在特定关系上比较二者，在这种关系中你可以说一样物品的价值是另一样物品价值的5倍。诚然，如果对事物采取这样的态度，倘若你稍加分析就会发现，在很大程度上，当你把自己与事物关联起来时，它们已非具体事物，而是作为商品。你已经通过抽象的货币价值和交换价值来感知事物。比如，你会认为这个水杯不单是一件不太漂亮却有用的物品，更是一件便宜的物品，一件25美分或50美分的物品。

以报纸上诸如此类的一篇报道为例，里面宣称"这座500万美元的桥梁已经落成"、"这座1 000万美元的酒店已经竣工"。这里，你对此事已经有了概念，不是根据它的使用价值，不是根据它的壮丽外观，更不是根据其中任何具体因素，而是从抽象意义上加以衡量，说它从交换价值上值这么多钱，因此也就可以与其他物品进行比较，只要把自己与交换价值这个抽象过程联系起来就行。

这是什么意思？针对我们社会体系中发生的过程，我想造一个术语来描述，那便是**抽象过程**，前提是它还不存在。请原谅我造的词，我觉得它有用。我所谓的抽象化，意思就是使事物变得抽象，而不保留它的具体属性。在生产方式和经济运作方式的影响下，我们已经惯于一开始就通过事物的抽象形式而非具体形式来体验它们。我们通过交换价值而非使用价值，让自己与事物发生关联。

让我再举几个例子，以说明事态已到何种地步。《纽约时报》

前几天写道："理学学士加博士等于 4 万美元。"我困惑不已，然后往下读，发现这意味着如果一个学生获得博士学位，那么他一生获得的平均收入要比他只有学士学位多 4 万美元。《纽约时报》是一份非常严肃的报纸，头条新闻绝不会嘲讽任何事情。我认为这纯属偶然，非常典型地说明当今人们感受事物的方式，即学士和博士已经成为可以测量的商品，并且确实可以转化为一个等式。我从《新闻周刊》（*Newsweek*）上读到另一条报道，说艾森豪威尔（Eisenhower）政府认为自己的信心资本十分雄厚，在几周或更长的时间内，他们甚至可以采取一些不受欢迎的措施，因为他们的信心资本如此之大，损失一些也丝毫无妨。对此我并无异议，但我要说的不是政治议题，而是这种思维方式。

人们把信心视为一种资本，如果信心资本很多的话，损失一些也无妨，这与"理学学士加博士等于 4 万美元"如出一辙。这里的信心问题以及一个党派或政府与人民之间的关系问题，都可以用某种东西的抽象形式进行表达，它既可测定又能量化；它不再具体，已是抽象事物；它可以定量地与世界上任何事物关联起来。在这种抽象化的过程中，所有特定的具体品质多少都会丢失，一切物品都具有相同的定量特性，可用金钱或者任何抽象形式进行表达，这一点我将在下面予以讨论。

再举一个例子。如今世界上最远的距离是多少？差不多是从纽约到印度孟买之间的距离。我不知道这具体有多少英里，但我知道大约需要 3 天半时间，我想这是 800 或 1 000 美元的行程。其实，这是表达距离最现实的方式，即你旅行所需时间的差异。即使最长的距离也会在时间上极大地缩短，因为没有两个地方相距超过3天半。那么,你唯一真正的问题便是从金钱的角度去看行程会花多少钱,而1 000美元就是最远的行程。当然,如果你往返的话,那就是2 000美元。我想说的意思是,这是我们抽象思考的另一种方式、另一个领域,我们甚至可以用金钱来表达时间与空间,而且这其实也并非过于荒谬。在某种意义上这十分有用,但它是我们的经验缺乏具体性的又一例证,同时也表明我们倾向于把事物从具体特征中抽象出来加以体验。

b) 异化的体验

显然,我们对自己和他人的体验也是如此。比如,你从《纽约时报》上读到一则报道,好比一篇讣告,上面写着"制鞋商死亡。铁路工程师死亡"。谁死亡?一个制鞋商。一个男人或一个女人死亡。但如果你用"制鞋商"作为主体来描述死亡,你的方式其实与你说这是件50美分的物品并无二致。你忘记并忽视那人的具体性,而他其实是非常具体的人,并且和每个人一样是十分独特的个体。你忽视所有的具体特性,并且将他抽象化。你称他是"制鞋商",好像那就是他。诚然,这就相当于从交换价值和价格的角度来谈论事物一样。

当然,如果你报道大西洋城的一场制鞋商大会,然后把琼斯先生称为"制鞋商",那倒是更合逻辑,因为至少这为他在那里的行为给出了具体的解释。他去那里是为了洽谈制鞋业务。但你能想象在谈论一个人的死亡时,竟以制鞋商作为这个事件的主体吗?毕竟除了出生以外,死亡是我们的存在当中最基本的事件之一。于是,你对于具体的事物,即人类,持有一种几乎完全抽象化的看法。

还有另外一个领域与此相关,其中人们都被抽象化了(我已经在《自我的追寻》一章中以"营销导向"为题对此讨论过)。在我们的文化中,人们不仅出售自己的体力、技能、智力,以各种目的受雇于人,还出售自己的性格,即他们必须讨人喜欢,必须要有良好的背景,可能的话还得有孩子才能受人尊敬。就连妻子也必须讨人喜欢,并且总的来说她要符合某种范式才行。男人必须待人友好。但你越是要求他更为友好,他就越感觉不到自己是具体的人,一个吃喝、睡觉、有爱有恨的人,一个独特的人。他反而感觉自己是一件商品,一件必须——我特意说"必须"——在市场上成功出售的货物。他必须培养市场需求的品质:如果他觉得自己还有市场需求,那就是成功的;如果他觉得没有市场需求,就会认为自己失败了。

个体的价值——如果把人称之为个体的话——完全取决于是否可以被出售、市场对他有无需求。由于这个原因,他的自我感受以及内在信心就绝不取决于他真正的品质,比如智慧、诚实、正直、幽默等特征是否受人赏识,而取决于他是否可以成功出售自己。因此,他总感到忐忑不安,始终依靠"成功"活着。如果成功不如期而至,他就会疯狂地陷入不安当中。

c) 异化的语言

语言是抽象过程得以发生的另一种形式。语言有其意图和功能,那便是传递信息并相互交流,因此语言必须抽象化。如果我要说这块手表,我称之为一块手表,并非指这块具体的手表。这块手表并非独一无二，它只是同一家公司所产的数千块手表中的一块，它不包括其他手表。当我说那是一块手表时，我说的东西与所有其他手表都有共同之处，故而我们通过采用一种抽象符号（即一块手表）就可以理解彼此，而不用指代完全具体的东西（即这块特定的手表）。这就是语言的功能，它从具体的独特现象进行抽象，由此让我用一个词语就可以涵盖无数类似的客体，当然这要有抽象发生的空间才行。

但抽象也会带来危险，这种危险在于当用一个词语谈论事物时，它们失去了自己的具体性，而我无从体验自己谈论的事物。我只体验到一个词语。"一朵玫瑰就是一朵玫瑰……"正是对这种抽象过程的抗议，因为在这句话中玫瑰成为一种非常具体的体验。扪心自问，你说"一朵玫瑰"时发生了什么。你看见玫瑰了吗？你闻到它了吗？你感觉它是具体的东西吗？或者当你说"一朵玫瑰"时，你会想到 5 美元一打；或者对美丽的花朵只有一个模糊的概念，你可以在合适的场合把它送人。用一个词语指涉事物时，我们对它的体验有多具体？还是我们本质上从抽象角度在使用语言？

当然，如果一家花店的老板晚上记账时，写下他已卖出 50 枝玫瑰。当他想到这些玫瑰就会满心欢喜，可能忘了要准确计数。他会坐在那里，沉浸在一种美妙的气息当中，幻想这些玫瑰出现在自己眼前。他会高兴地离开店铺，会忘记去记账，无法再打理生意。我说的不单是个笑话。这种抽象过程是我们生活当中非常重要的一部分，我们的现代生活在本质上建立在一种登载、记账、量化的合理体系之上。如果没有精巧的方法让我们量化商业事务，我们的这套体系也不可能存在。我们能够量化劳力成本、娱乐成本，甚至在所谓人际关系上的开支。所有这些都可以量化。当然，我并非要对此进行批判，因为它是我们现代生产方式的一部分。如果我们没有量化商业流程的手段和态度，恢宏的商业和生产实体就不复存在，整个经济体系也会随之崩溃。

然而，问题在于这种生产方式和经济行为模式是否已经对我们的性格产生巨大影响，是否已经在很大程度上超越店铺与商业，并且早已深入我们生活的全部，以至于花店老板不仅想不到一枝具体的花，并在记账时只想到一件50美分的东西，而且他从没想过一枝具体的花。他明天可能去卖奶酪，后天又去卖原子弹或鞋子。所有这些东西的具体意义微乎其微，在本质上它们只作为具有抽象价值的物品被人体验。

若我们考量那些不指代事物而指代内心体验的词语，这会变得更加重要。于是，我们来谈论"爱"。这是什么意思？天底下几乎没有什么东西不可称为"爱"，这简直神奇至极。残忍、依赖、支配、真爱、恐惧和习俗，几乎任何东西都可称为"爱"。"我爱他"可以表达任何东西，从轻度同情到不恨他人的礼貌表达，再到伟大诗人谈论或赞颂的那些情感。一切都是同一个词。

前几天，我听一位精神病医生谈起一位患者，他说对方有一份重要的工作。我问他，你说的"重要"是什么意思？他说："啊！在商业等级中这是一份相当重要的工作。"好吧，它重要在哪里呢？你想说它薪酬很高，这是一份很有威望的工作，都可以。但为什么要说它"重要"呢？然后，他又继续解释一番，我尽力明白它为何这么重要，又重要在何处。但就我的理解来说，这其中毫无重要可言，除了它薪酬很高并享有一定威望之外。如果说爱因斯坦会忙于重要的事情，我会认为这是一种低调的说法，但指代某种具体的东西。

这大体上正是我们的语言。"我乐死了"，为了什么？关于什么？这个表达简直是尴尬至极，表明个人没有感受到任何东西。一个人没有能力表达任何东西。奇怪的是，"死"在这些表达中作用很大。人们用"我……死了"来表达对某事强烈的情绪，我猜使用"死"或"死了"这个词语绝非偶然，这种表达说明这些词语源于一种深度的空虚和感觉的缺失，源于我上次讨论幸福概念时所言的那种抑郁。

现今，我们使用语言不单只为交流，因为在很大程度上词语变得几乎和金钱一样，已经成为人际交流中真实经验的抽象物，而非指代个人经历的实际体验。你去问一个极不开心的人最近如何，他会说："我很好。"你可能会说，这里面透着一种自负，但我认为这里的主要问题在于，没人期待对方会真正关心自己，而且词语并不算数。你采用词语来填补空白，那是一片个人内心以及自己与他人沟通之中的真空地带。聆听人际交流过程中的语调，这一切又是多么抽象！这几乎就像去集市买东西一样。这是2美元，我得到所要的东西。

人们在交谈中全然不去分享他们谈论的任何现实。他们在言语交流中多少有些尴尬，以掩盖交流当中的空虚。他们体会不到兴奋的感觉。谈话结束后，他们觉得自己并未分享什么东西。他们心生一种空虚的感觉，就像你用两个小时看了一部非常糟糕的电影，离开时会有一种尴尬和羞愧的感觉，因为你把时间花在了毫无意义的事情上。

d) 异化的情感与伤感

现在，我想描述一下当代社会中的个人在我看来呈现的一个基本特征与危险，那就是我们已经脱离了所有的现实，除了一种商业运作的、我们可以操纵事物组织方式的人为现实之外。我们接触的都是人工制品。我们接触社会日常，并提及生产更多东西的事物，但我们没有触及人类存在的基本现实。我们没有触及自己的情感、自己真正的感觉、幸福与不幸、恐惧和疑惑以及发生在个人身上的所有事情。我们没有接触自己的同类或自然。我们只去接触自己创造的一小部分世界，其实我们非常害怕触及任何深层的东西。

对此如果你想要任何证据，那不妨以我们对死亡的态度为例。我们如何掩饰死亡，如何无从忍受死亡的表层意识。我们掩饰死亡，同样也趋于掩饰出生。如今给我的感觉便是，很多年轻姑娘认为，有了生孩子的现代方法，你只要打一针并忍受一点不适就行。等你醒来的时候，宝宝就已裹好，并由一位体贴的护士抱给你。我们不会感觉出生是一种非常根本的行为，一件并不简单的事情，反而认为是工业生产的产物，好比从机器中出来的产品那样。

我们掩饰所有与现实的直接体验。比如，我确信卓别林最新的电影之所以不受欢迎，其中一个原因正是人们害怕被迫如此接近现实。《大独裁者》(*The Great Dictator*, 1938—1940) 片尾的发言是我听过最打动人心的一场演讲。即使喜欢这部电影，大多数观众也会说:"不!那片不行,没艺术性。"我想他们对过于艺术的事物也并不关心,因为它过于接近现实。《凡尔杜先生》(*Monsieur Verdoux*, 1944—1946)十分接近现实,我感觉后来《舞台春秋》(*Limelight*, 1952)同样如此,但这对观众来说太过强烈,所以评论家们变得理性起来。我最近读到新闻,说"美国军团"① 威胁要在西方抵制这部电影,剧院老板也已经开始取消这部电影的订单。我认为美国军团之所以想如此行事,正是因为在公众当中存在不少担心和恐惧,人们害怕触及自己本人、自己的感觉以及人类的现实。当今美国文化最杰出的一种表达方式,居然遭到一个施压团体的抵制和禁映,因为对绝大多数人而言,它不仅没有足够的意义,而且没有足够的吸引力。

我们不是相互关联,不去触及爱恨、恐惧、疑惑,不去接触人类所有的基本体验,所有人都变得非常孤立。我们只与一种抽象概念相关,也就是说我们与外界毫无关联。我们生活在真空当中,并用文字、抽象的价值符号和生活日常来填补空缺,认为这有助于我们从尴尬之中脱离出来。

另外还有一件事,那就是我们变得伤感了。什么是伤感?我认为人们看待伤感的方式也许有很多种,但我要讲述的一种与我谈论的主题存在一定联系。我把伤感描述为**完全孤立之下的感受**。除非真的疯了,不然你就有感受,但如果你像我刚才所说的那样孤立、疏远,并与事物毫不相关,那么你会出现一种非常特

---

① 美国军团(American Legion),1919年由美国远征军代表在巴黎成立的团体,旨在维护退伍军人的利益和福祉。——译者

殊的情况。你有情感，但并不真正具体涉及现实事物。你变得伤感，你的情感溢于言表，它们不时出现。我们使用流行词语，诚实、爱国主义或者诸如革命之类的词语，或者许多表示抽象概念的词语，它们目前没有具体的含义，但它们是刺激情感的词语。它们让你哭泣、让你嚎叫、让你做任何事情，但这不过是一种表演而已，其中的情感与你关心的东西并无真正关联，因此这是一种空洞的东西。

这就像在电影中，有人为女主角失去赚10万美元的机会而哭泣时，其他人也会为之哭泣一样。现实生活中这群人在目睹自己周围或生活的巨大悲剧时，他们却并不会哭泣，而且毫无感受，因为他们与之毫不相关。他们并不关心。他们生活在抽象的真空中，生活在情感现实异化的真空中。不过，他们具有情感，但又能做什么？有些流行词语、刺激、情景可以激发这种情感，但这并不表示我哭泣是因为我与其中的不幸真正相关，只是因为我非常孤立而已。我生活在一种真空当中，但内心的情感需要一个出口，所以有时会在自己与任何事情都毫不相关的场合下哭泣。我认为这正是现代文化中经常看到的伤感的本质。

伤感之人留下的印象是十分孤立、十分遥远，并与任何事情都毫不相关，然而你会看到他们情感的爆发。你可以在电影、足球比赛或其他场合看到这样的情形，尽管他们的脸上突然出现强烈的情感、兴奋，或者看似欢乐，或者看似悲伤，但你可以看到这种面部表情同时又是乏味的、空洞的。不过，较之在与事物相关的状态下体验欢乐，个人只是享有那种伤感的喜悦还是很不一样，因为有时在某些情况下他的欢乐之情也会被触动，但他依然与一切事情都不相关。他没有任何感受。

e) 心理健康与相关存在

这种发生抽象并与自己具体经验疏离的状态，它对个人的心理健康有着深远的影响。我们生活的能量来源是什么？哦！你可能会说，有种能量来源纯粹是物质性的，来自于我们体内的化学反应，我们知道这种能量在 25 岁以后便呈下降之势。在那之后，我们逐步降低消耗这种能量。还有另一种能量源于我们与世界的关联以及我们的关注。当你和心爱的人待在一起，或者你读到一些异常有趣、十分惊奇的内容，有时就能体会到这种感觉。于是，你感觉不到疲惫。你感到能量出其不意地产生，你感到一种发自内心的欢乐。倘若你去观察那些 80 岁的老人，他们在生活当中充满好奇、爱意、关怀和兴趣。你就会看到那种令人惊讶的蓬勃生机和能量，这与体内的化学反应以及与他们可用的资源都毫无关系。

欢乐、能量、幸福，所有这一切取决于我们与世界相关的程度，取决于我们关心的程度，也就是说，取决于我们与自己的情感现实以及与他人在现实中接触的程度，而不是像在市场上浏览商品那样以抽象形式去体验它们。其次，在这个相关的过程中，我们作为实体、作为与世界相关的个体来体验自己。在和世界相关的过程中，我与世界融为一体，但同时也作为一个自我、个体、独特的主体来体验自己。因为在这个相关的过程中，我同时也是这项活动、这个过程以及自我相关的主体。我既是我，也是他者。我与自我关注的对象融为一体，在这个过程中我也作为主体来体验自己。

到底做一件事是为了避免无聊，还是出于与之相关或关心此事，你可以看出或体会二者的差异。你和朋友们度过一个晚上，你们整个晚上都在谈话。试着留意你离开时的感觉。你感觉开心、充满活力、愉快、舒服吗？还是你觉得有点疲劳和无聊，或者你感觉不仅无聊，而且还有一点失意和沮丧。你还会有这种感觉："太好了！谢天谢地，我现在可以睡觉了。"但即使已经很晚，你却乐在其中，觉得充满活力、满心喜悦，那么你就知道自己行事绝非只是为了避免无聊。

f) 异化与无聊

在一种逐渐与自己和他人疏离的文化中，我们自己的情感变得抽象且不再具体，我们变得极其**无聊**。我们丧失活力。生活不再真正让人兴奋。我相信无聊是人类遇到的最大祸害之一。几乎没有什么事情比无聊更为可怕并难以忍受。

当感到无聊时，我们有一些逃避的方法。我们可以参加聚会，或去玩桥牌，或喝酒，或工作，或开车兜风，做些有助于缓解无聊的事情。回到我在第一场讲座中所举的例子，就我看来也许在某些文化中，生活虽说十分舒适，但无聊的发展程度却甚为广泛，其中人们看到自杀和精神分裂的案例要比其他国家更多。其他地区虽然现实悲惨，但人们至少与现实有更多的接触，而悲伤与惨痛比无聊更容易忍受，无聊则是个人与世界和关爱毫不相关的一种表达。

我想说，无聊也许是一种更为普遍的体验的代名词，它在病理学上称为"抑郁"和"忧郁"。**无聊是忧郁的普遍状态，而忧郁则是无聊在某些个体中见到的病理状态**。我认为这只是一种量上的差异，那些性情变得忧郁的人只是没有更好的防卫机制来应对生活的无聊，而大多精神正常但感到无聊的人知道如何逃避无聊，而非有意识地去体验它。

当然，克服无聊最好的一个方法就是**日常工作**。如果你有一份日程表，从早上 7 点的广播开始，一直到晚上 12 点，期间没有 1 分钟可以消磨，那么你也没有时间感到无聊。所有这些十分必要，因为只有当你空闲时，无聊才会难以忍受。所以如果你一天的安排没有闲暇，便不会感到无聊。如果情况不是这样，那我们就得在极短的时间内为数百万人建立精神病院了。

g）政治中的异化

对此，我还想谈最后一点。不仅我们的人际交往、与自己的关系、与事物的关系被抽象化，我们与政治的关系也被抽象化。我们具有一种传统，它从最初就是对专制的否定，即公民有权决定如何使用个人缴纳的税款，并最终有权负责任地参与有关社会命运走向的决策。这完全可行，也非常具体。就拿瑞士依然存在的小型社区为例，那里几千或几百人聚集起来对现存的具体问题进行研究和讨论，然后这 500 或 1 000 人就某事进行表决，我们就会知道某事确实已经履行。一项决议已经做出，对此没有任何非议。

我不妨告诉你们一个事实，亚里士多德曾讨论过城邦多大的问题。它不能小于 1 000 人，但肯定不能大于 10 000 人。一个万人的城邦仍然是个非常具体的事物，它还可以管理。在此，决策的民主有着具体的意义。但对于拥有5 000万、2亿5 000万人口的国家来说，我们的决策体系又会怎样？其实，不管怎样它也没有任何区别，就像你说我们的预算是500亿或700亿一样。显然，所有这些数字都已丧失具体的意义。当我们可以处理1万美元或者10万美元时，或许有人就能以具体的方式处理100万，然而5 000万则纯粹是个抽象公式。作为一个数学公式，它非常正确地给你一个数值，但它与你可以掌握的东西毫不相关，就像你无法掌握不同恒星之间的距离，而只能从完全抽象的意义上理解一样。

我们偶尔也会投票。实际上，这种投票在很大程度上受现代广告中的类似做法影响，而流行语如今又通过电视为我们所熟知。我们在很大程度上还受情感和非理性诉求的影响。在某种程度上，我们的行为方式就像自己对待足球或拳击比赛一样，它带有我上次谈到的那种戏剧性，即去观看双方相互争斗、可以多少左右局势并参与其中确实让人兴奋不已。在拳击比赛中，除了坐等之外，我们无事可做；在这些选举中，我们可以做些事情。即使我们的选票很少，但这是我们登上政治舞台并产生些许影响的一小部分。

可这是我们的观点负责任的一种表达吗？我们知道什么？我们占有什么信息？难道所有事务都过于复杂而只能通过我们投票的方式决定吗？如果我们要让投票成为真正具体的东西，难道不应有一种完全不同的讨论和阐述方式、不同的观点与信念吗？尽管我认为当前的投票制度比世界上现存的任何其他制度都好，但依然觉得这是一个极不完善的事物。它已经变得过于抽象。在下一讲中，我会尽力发表一些看法，来说明我认为社会该往哪个方向发展，才有可能摆脱这种抽象或抽象过程。

其实，尽管我们对于公民参与社会事务有所认识，但从现实的角度具体来说，个体公民只有极少的机会可以影响事态。所以你的投票在某种意义上不过是在"契斯特菲尔德"和"骆驼"①之间的抉择而已。这种说法不乏夸张，但这一刻我宁愿夸大其词，以便将它表述清楚，而非过于精确。你可以投票，可以写信给国会，可以联系参议员。但事实上，你会发现绝大多数人都有一种感觉，他们认为在社会事务中几乎没有任何东西，自己可以真正、具体而毫不抽象地施加影响并参与其中。这个过程与他们十分遥远，正如我曾谈论的其他事情，它同样已被异化、非常抽象、不太具体。

我想给出一番理论评述。有人大体会说，你为了可以行动，就必须能够思考。总是先有想法，再有理性行为。我相信这话在理，但另一种相反的情况同样在理：除非有行动的可能，否则你在思想上就会受到很大的阻碍，因为思想只会在有望得到运用的情况下才会发展。拿一家小型熟食店的老板来说，我认为他对自己店内的事务要比对国家事务更为明智，因为对前者他可以行动，可以影响事态动向，可以观察并做出决策，然后根据决策行事。这里的原因并非在于国家事务要比店铺事务困难多少。我认

---

① 此处文中的"契斯特菲尔德"（Chesterfield）和"骆驼"（Camel）都是美国热销的香烟品牌。——译者

为有时国家事务非常简单，店铺事务反而非常困难。我不认为考虑外交政策会比琢磨购买多少奶酪更需要智力。这两种过程几乎一样。只是在一种情景中，你能够行动故而可以思考；而在另一种情景中，你影响和行动的范围已经锐减到只能说话的地步。你空洞地说话，却没有思考，你会觉得自己的想法毫无用处。

总而言之，我们的现代文化大体上是一种以市场和批量生产为中心的生产和消费方式。它本身作为一种抽象，更是经济发展当中进步的重要步骤之一。但在这一点上，这种生产方法和抽象方法已经达到一种程度，它不仅影响了技术领域，而且还影响了所有的参与者，并使我们自身内外的所有体验变得像市场上的商品一样抽象。我们与真实体验没有关联，处在真空之中，因此觉得局促不安。我们面临无聊的危险，出现严重的心理健康问题，对此也只有通过日常来加以克服，因为在日常工作中我们不必直面自己的无聊、与人与己关系的空洞以及体验内容的抽象特质。

（第四场讲座：1953年2月4日）

h) 异化的思维

上一讲，我谈到个人与自己、他人和事物的疏离，以及这种异化过程与我定义的抽象化之间的联系，而这种态度正是我们现代工业资本主义文化的特征。在这种文化中，我们对事物、他人和自己的体验，既不是以它们的具体形式，也不是以它们的使用价值，而是以它们的抽象形式进行。一种抽象形式是金钱，另一种抽象形式是词语，我们是在与这些抽象概念发生关联，而不是与真实而具体的东西发生关联。

我想再深入探讨一下受这种异化过程影响的其他因素。它对我们的思维有何影响？我们可以将其与这种异化对我们情感的影响做个比较。我上一讲说过，当前发生的情况是我们变得伤感，却并没有感受。我试着将"伤感"定义为在毫不相关情况之下的感受，这其中情感仍会外溢，但它是空洞的，因为个体只有感受的需要，而情感却与任何东西都不相关。如果我们与思考的东西毫不相关，类似的情况也会出现在我们的理性或思维过程当中。换句话说，如果我们毫不关心，那么我们的思维过程就只剩下智力。这里我所说的智力，指的是一种操控概念的能力，它并未透过表面触及事物本质，它只是操控而非理解。真正的理解能力，人们可以称之为理性，它与操控智力不同。诚然，理性只有当我们与自己思考的事物相关时才会发挥作用。如果我们与其无关，那就只能操控它。我们可以估量、计算、思考并比较多种因素。你可能会说，这种智力与我们的情感和感觉具有相同的抽象化特征。

理性有时也是个奢侈品，但有时个体的生活和人类的生活取决于敏锐地运用理性的能力，而绝非只是在操控纯智力的浅层思维水平上去运用理性，因为这种操控过程无从穿透任何东西，故而也不会改变任何东西。

所有这一切都与我们旧的科学态度有关。实际上，科学态度是过去几百年的伟大成就之一。科学态度是什么？它是一种客观的态度。这是一种人类的态度，即个人心怀谦卑，有能力客观地看待世界，也就是说按世界本来的面貌看待它，而不是通过我们的愿望、恐惧和想象来扭曲它。个人有勇气审视我们获得的数据是证实还是反驳我们的观点；而且当数据无从证明某个观点时，个人是否有勇气变革理论。这就是科学思维的本质。它其实正是个人惊叹于万物并心存好奇的能力。大多伟大的科学发现其实都是从一点开始，为此有人不会把所有人在此前认为理所当然的事情也以理所当然的态度对待。在这点上他心生好奇、惊讶不已，这就是科学发现。之后的过程则是次要的。他研究、核查、测试、从事各种事情，但科学发现的真正才干并不在于他后来从事的科学工作。科学发现真正的源泉在于他能对迄今为止无人好奇的事情产生好奇的那个时刻。

现今发生的事情十分奇怪。在今天最先进或者说唯一先进的物理学科中，你会看到这种科学态度。你目睹巨大的努力、艰难的工作、伟大的思想和极大的不确定性。但普通人对此有什么看法？不仅是普通人，大部分社会学家，他们对科学又有什么感觉？他们认为科学思维给了人们几百年前宗教曾经给予的东西，即完全的确定性。他们无法容忍不确定性。对他们来说，科学已经成为一种新的宗教，一种有关生活事实的全新确定性，并带来宗教时代曾经给予他们的安全感。

普通人已经成为科学的消费者。他希望科学家知道一切，而他通过阅读报纸，就与教民具有大致相同的立场。牧师是协调民众与上帝关系的专家。对一些人而言，他们只要存在就已足够。你可以时不时地看一下他们，我认为从当代对于科学的态度之中，你会发现一些非常相似的东西。人们深信科学家是科学的教长,对世界有着完全的把握。只要他们在大学教书,报纸撰文讨论他们,那么一切都好。至少有人拥有确定性和信念,这样个人也能体会到一种安全感。

无论是外行还是社会学家,他们所谓真正的科学方法,在本质上通过操控智力来实现。对于一个心理学问题,如果你能用抽象数字表达,如果你可以计算、测量的话,就会被当作一种科学方法,即使你的基本数据没有任何理由,也没有任何意义。我来举一个例子,来说明它在心理上如何运作。我最近读到一篇研究母亲对孩子态度的文章,把一周内诞生的新生儿带到母亲身边,观察她的反应。有三位心理学家观察正在发生的事情。他们谈到的基本数据,便是母亲要么微笑,要么抚摸孩子的脑袋,这些都被视为母爱的表现。然后,据此你采用一种非常精细的统计工具,带有可能的误差,算出所有的数字以及每个组别中不同类型的母亲所占的比例,等等——但你的基本数据完全不科学,因为如果你说"母亲微笑"的话,那你对数据就一无所知。这完全取决于她如何微笑:她可以亲切地、尖酸地、冷漠地笑;她可以纯粹出于无聊、厌烦或其他原因去抚摸孩子的脑袋。因此,你其实在心理学中没有采用科学方法,因为你根本没有极为精确、非常具体地观察并详细描述正在发生的事情。你只是肤浅地加以观察,采用不科学的数据赋予它一种科学研究的表象,并且由于其中涉及数字而宣称这是一项科学研究。

没有理论物理学家或化学家可以对这种方法弃之不用。甚至从大学二年级起,他们就无从丢弃这种方法,因为它是一种不需要动脑子的方法,可以说是一种伪科学。不过,在社会学家之间似乎存在一种君子协定。只要你援用数字和统计方法，你的数据就是科学的。

i) 异化的爱情

最后，我想谈下另一个相关的问题，即在这种自我异化、毫不相关的情况下，**爱情**会发生什么情况？我认为人们将会看到，爱情定然分为两个渠道：其一，它等同于性，你从许多书中都可以学习性技巧来强化婚姻中的爱情；其二，爱情变成一种没有性欲和情色的东西，其中两个人相处十分融洽，若俩人恰巧是一个女人和一个男人，那他们会结婚并称这就是爱情。这至多是一种美妙的伙伴关系，但并没有多少火花可言，没有任何特别的闪光元素，而这样的元素在过去是与爱情的概念有关的。

在这些毫无相关的情况下，爱情的体验要么等同于性，要么等同于相处。它被当作一种愉快的常规交往，而在这些情况下，它自然就在概念和事实上缺少**柔情**。若要从好莱坞电影中寻找柔情的表达，你几乎找不到。但你可以从法国电影中找到，你也肯定可以在卓别林的电影中找到。柔情不单是性欲，不单是愉快的相处，而是与他人相关的情感表达，它不仅是个体的爱情，更是对人类的关爱。

在我们这样的文化中，柔情作为一种体验，几乎已经化为乌有，这不仅符合逻辑，而且也非常自然。我担心更糟的是，许多人虽体会到柔情，却对此有些羞愧，因为它显得一无是处。或许，个人表现出柔情的话，会害怕自己因此成为一个懦夫，或者担心显得幼稚、傻气，或者担心这不符合热情昂扬的男女形象。

近年来，存在诸多我们了解自己何等邪恶的讨论。尼布尔博士（Dr. Niebuhr）强调人性的邪恶，并指出认识到破坏与邪恶乃我们的本性，这一点非常重要。我并非想和尼布尔博士在理论或分析上展开争论，但在我看来我们的问题并非在于人类多么邪恶或破坏性十足，至少在我们当前的文化中是如此。总体而言，在美国我们确实看不到什么破坏和邪恶，其实大多数人相当善良并心怀好意，全然没有破坏性可言。

我认为问题在别的方面，即我们的冷漠无情、不以为意。我们不做生死抉择，我们活着不知意义何在，我们对自己与未来毫不在乎。我认为这是一个更为严重的问题。也许我们自鸣得意地认为自己是尼布尔博士所谓的魔鬼，我们破坏性十足且非常邪恶。也许，它是个问题。我认为在某种意义上，这样其实更为糟糕：我们只是漠不关心，只是毫不在意。我担心在某种程度上，这比邪恶更加危险。至少要有人说出强调人类的邪恶存在某种危险，因为它似乎偏离了我们真正的问题：冷漠。

4. 克服疯狂社会的方法

a) 社会主义愿景及其扭曲

除当前体系提供给我们的方法之外，还有其他不同的解决方法吗？我们知道存在一种解决办法，它在世界各地已经获得全面胜利，这就是极权主义解决方案。极权主义创造出一种新的异教，由此退回到基督教创立之前的面貌，其中我们发现英雄崇拜、工作崇拜、畏惧、恐怖全都混合在一起形成了一种可怕的异教系统。如今我们知道，这些事情非常糟糕，而持续不断地说极权体系如何毫无人道也并无任何意义可言。如果一个人必须经常这么说，他甚至会怀疑自己对此也不太相信。因此，我们将继续讨论其他问题，即一个更有创见的解决方案，它虽然在美国不太重要，但在欧洲和亚洲却是如此，这便是社会主义解决方案。

19世纪乃至更早诞生的各种社会主义流派，它们的共同愿景就是要创造这样一个社会，其中人自身即是目的，个体公民积极、负责，秉着合作、团结与博爱的精神与同胞共同生活，既不被任何人利用，也不把自己用于个人生活和成长之外的任何目的。在某种程度上，所有社会主义流派的共同目标都与《旧约》中的弥赛亚思想密切相关。对此，我再评说几句。

若不回到一个很早的历史节点，即创世故事之初，你就不可能完全理解弥赛亚思想。在所谓的"亚当夏娃的堕落"之中会发生什么？这里，我们发现一种假设，认为人类最初完全与自然和谐共存，他是自然的一部分，没有自我认知，没有自我意识，没有善恶观念。上帝禁止人吃智慧树上的果实，但他还是照吃不误。突然之间，他看到自己与自然隔离开来，而且人与人也隔离开来。男女看到对方赤身裸体，他们为此羞愧不已。他们感受到自己的隔离。他们感受到彼此之间的疏离以及所谓的"上帝的诅咒"。"上帝的诅咒"意即人会是自己的敌人，一种性别将会是另一种性别的敌人，而人类则将是自然、动物以及田间作物的敌人。人类的历史就始于这个节点。

根据这种预言式的弥赛亚概念，历史的目的就是要在人类之间、人与自然之间建立新的和谐。但这种全新的和谐不再基于人是自然的一部分且无自我意识之上,而是基于个人的理性发展、自我认知以及博爱之上。当发展达到一定程度后,他总有一天能够在个人与自然以及人与人之间营造一种全新的和谐,在这当中就不会再有战争,有的只是生活的富足。根据这种预言式传统,弥赛亚时代是原始层面的天堂在更高层次上的实现。甚为矛盾的是,在弥赛亚时代的概念当中,人类反抗上帝是对的。上帝禁止他吃智慧树的果实,他照吃不误,并知道自己正要去创造一方比他离开的天堂更高、更好的乐土。

这正是弥赛亚主义预言的要旨,同时也是19世纪所有社会主义者的共同理念,那便是建立一种新的和谐,一种基于知识、博爱和团结之上的和谐。那会创造物质的富足,消灭人们之间的斗争,或消除人与自然以及人与人之间的斗争。这就是普遍理想。但在社会主义当中有许多派别,针对实现这个理想所要采取的手段,它们的看法各不相同。有些流派从一开始就强调避免中央集权危险的必要性,并且强调国家组织和政府权力过大的根本危险。然而,马克思主义社会主义者则认为,个人必须征服国家,把它作为一种工具,让它能够并且必须把社会变成一个没有阶级的社会,并最终成为自由的人民组成的没有政府的社会。

马克思主义社会主义者还认为,人类解放的手段在于生产资料的社会化。这种理念认为,如果生产资料不再掌握在一个人手里,而是属于所有人的财产,那么就没有人可以剥削或操控工人。他们抱有十分幼稚的想法,认为尽管生产资料的社会化本身并非目的所在，但它作为手段可以立即让人们变得有责任心并乐于合作。

在智力层面上，马克思主义社会主义战胜了其他派别。它在欧洲、俄国和中国都取得了胜利。它虽然在美国败北，但其他派别也并未获胜。

那何为马克思主义对资本主义的批判？它在本质上是一种经济层面的批判。这种批判是双重的。首先，在资本主义制度下，工人受到剥削。为获得微薄的薪资，他不得不工作很长时间，而且不能也不会像占据资本的个体那样同等地分享社会价值的增长。第二重批判在于，资本主义的生产方式不能充分利用社会生产力。它既不能避免危机，也不能避免战争，并以特定的组织方式扰乱且阻碍社会上现存生产力的发展。

这在本质上是一种经济角度的批判，它主要从以下立场对人进行阐释：工人阶级依然受人剥削、生活贫穷、遭受苦难——只有在马克思早期著作中或者后期的零散著述中，你才读不到谈论物质需要和苦难的概念，而只看到谈论异化以及人类衰退的概念（这种衰退要比单纯的物质需求的衰退更为突然、更为深刻）。尽管马克思主义在许多方面认识并提到了这一点，但它在向马克思主义社会主义进一步发展的过程中或多或少地迷失了方向，并保留了对资本主义制度的批判，这在本质上是经济批判。

很显然，这种对资本主义的批判，事实证明并不准确。马克思认为随着资本的发展，工人将会依然忍受苦难、遭受剥削，并且没有共享社会财富的增长，但美国的发展以及在某种程度上西欧的发展，都证明这种观点并不正确。在美国，我们看到工人阶级的劳动收入、社会声望和政治权力都有巨大的增长,而从前遭受剥削、陷入贫困的工人形象,即便从相对意义上来说,也与美国资本主义发展的现实形成十分鲜明的对照。

其次,美国资本主义以及在某种程度上其他国家的资本主义的生产力发展能力要比马克思预测的更为强大。人们当然可以说,换成另一种体系,它还会发展得更为突出,但这么说听起来也只是在理论层面而已。在过去的一二十年里,目睹美国产能的剧增水平,我们不禁为之震惊。

显然,资本主义结构自马克思时代以来已经发生巨大的变化。尤其是在美国的"新政"之下,这种资本主义已经整合了原本许多社会主义的需求,工人阶级已经融入资本主义经济,成为必要的组成部分,任何人都不会对社会主义昔日的论点产生深刻印象并认为资本主义阻碍了生产,也不觉得在资本主义制度下工人会挨饿。不过,我对过去和当前社会主义理论的主要批评也并非它在经济上的误判。为何马克思在100年前发展的这一科学理论准确无误?为何他可以预见100年后的发展?这些错误与马克思使用的科学方法丝毫没有关系。

我对过去50年所用的社会主义经济理论和概念的批判涉及其他层面。就资本主义对人产生的影响、对生活施加的效应而言,人们对它的批评越来越少,莫非这体现在经济层面,而非体现在麻痹和削弱个体的感受强度,把人变成商品,以及这些讲座中我谈到的所有影响上吗?资本主义不仅对工人,而且也对卷入这个体系当中的每个人产生这样的影响。

如果一个人把人类作为自己关注的唯一目标,那么对资本主义的批判就不应是它在经济上俨然造成的苦难。资本主义的所有迹象表明,这种苦难终会受到关注并加以解决,但这种生产与消费方式,这种社会组织模式对人的心灵、生活、情感以及对人的自我概念产生的影响应该予以批判。社会主义理论既没有从这个角度对资本主义从本质上进行批判,也没有就社会主义可能以及应该的面貌提出一个清晰的愿景,从而突破对经济更为稳健运转的片面关注。

如果探究社会主义在美国和欧洲败北的原因,我认为其中一个主要因素正在于此。社会主义只呼吁经济利益,而忽视了这样一个事实,即个人对理想的追求,对参照框架和奉献目标的需求,这些与经济利益同样重要,甚至我认为它们更为重要。工人阶级的经济利益现在和过去受到工会很好的维护。社会主义运动在很多层面并未带来更多的好处,它只是赋予大多时候已成俘虏的工会一些政治权力而已。社会主义运动并未创造出一种新的人类愿景,或者说,一种新的宗教。

朱利安·赫胥黎(Julian Huxley)写过一篇非常有趣的论文,在去年夏天阿姆斯特丹举行的人道主义大会①(1952)上提交。在文中,他提出如下问题:我们是否需要一种新的人道主义宗教?他提出的观点与我这里的观点非常相似:我们必须从最广泛的意义上定义宗教,它并非专指有神论宗教;我们必须认识到,人类要有一个参照框架和奉献目标,必须让生活有意义;我们必须有

---

① 此处原文中的"Humanist Congress"(人道主义大会),经核实应为1952年"国际人道主义和伦理联盟"(International Humanist and Ethical Union, IHEU)在阿姆斯特丹举行的成立大会。——译者

一个超越生产和自我繁衍的目标。赫胥黎认为，虽然我们不能人为创造一种宗教，但至少可以沉浸于一种新形式的无神论人道主义宗教能否并且如何成为可能的想法当中。现今，世界各地都在尝试重建不同形式的宗教。在美国，就有多种不同的形式。我认为这一切都表明，人们迫切需要打造一种愿景，勾勒一幅新式人际关系图景并创造代表这些新型关系的符号。

如果社会主义不能提供这样的愿景，那在我看来它定然会失败。如果它在经济层面的解决方案之外无法提供其他东西，如果它不能打动人类最深的渴望，尤其是在我们的现代制度中受到挫折尚未满足的渴望，它定然会失败。法西斯主义之所以可以如此强大，并在许多国家获得胜利，我认为主要是因为这种制度虽说邪恶至极，但从新的宗教和奉献意义上提供了社会主义无从提供的东西，由此继承了看似合理并已延续七八十年乃至上百年的思想趋势。

有一点我想在此提及。我认为社会主义理论发生了错误的转向，那就是假定社会最紧迫的任务是生产资料的社会化。苏联已经完全实现了生产资料的社会化，而我们从经验上就能看出，这并没有带来自由或实现任何社会主义目标，反而导致了一种国家资本主义。在英国，生产资料的社会化程度很高。如果一名工人在铁路上工作，他的经理由国家政府或者董事会提名，那这名工人在英国的生活和职位有什么不同吗？他在工作中的实际职能、真正角色，具体说来几乎一模一样。在我看来，社会主义强调每个国家的解决办法都是生产资料的社会化，故而根本没有发现这种方法其实并不具体。这个目标没有真正兑现人们认为它会兑现的承诺,即自由、协同工作的条件。事实上,这一目标今天仍然是所有社会主义党派的主要政治目标,在我看来这非常让人恼火,因为他们的目标实现之后不会带来任何结果。

我认为社会主义计划本应关注的是工人职能的变化、工作条件职能的变化和政治结构的变化。现在,我想再提两点来批判社会主义传统,其中一点是明显无视欧洲和美国以外的世界。社会主义总是把它说成是一场世界运动、一场国际运动。但实际上它只涉及欧洲。十分有趣而且重要的是,在最近的一个星期里,印度和其他国家的社会主义者会面并成立了自己的组织,他们首次把社会主义作为一项要求,并十分明确地表示国际主义的含义必须极大地突破欧洲社会主义者所说的内容,后者在本质上只是一件欧洲事务。若个人从欧洲角度深入反思的话,那么他有待考虑的问题要比从全球角度去反思更为困难。中国和印度是世界资源开发中最关键的问题之一,也是社会主义者在试图寻找解决方案时实际上忽略的一个问题。

我最后想提的一点可谓一种扭曲的社会主义理论,它认为新千年将在我们的时代来临。这种理论差不多已被塞入假设的桎梏当中,并削足适履地说明新的社会主义社会作为人类的新时代如今必将实现。因此,个人收集的所有数据必须予以扭曲来证明这个观点。另外,我在其他国家的一些社会主义党派中还见到另一种态度,即一种无尽的耐心,它基于对事物必然规律的科学偏爱之上,认为个人无需行事、只需等待,这种态度就会发挥作用,事情自行就会得到解决。

社会主义分裂为两个极端：一端是历史的余波在引发重大错误之后又造成犯罪；另一端是历史的惰性和耐性导致被动之后，又让法西斯在德国攫取了胜利。我想说存在一种东西，你可以称之为"弥赛亚悖论"，借此我意思是说必须既要有耐心又不耐烦，而且要知道人们虽然不能强扭最终的结局，也不能坐视不理去等待历史规律决定这种结局。

在一个古老的犹太故事中，一位拉比在和弥赛亚谈话时问他何时降临人间，他说"明天"。拉比回去等待着，弥赛亚并未降临，他对弥赛亚的谎言非常恼怒。他向先知以利亚①表达了自己的愤怒，但以利亚却说："你完全错了。他没撒谎。他说明天，这是真的，但他的意思是如果你想他来，你就要准备好，你要真心愿意。"

这种悖论一直存在于救世态度中，认为个人可以等待，但不会变得懒散；个人也不会强扭结局，但没耐心持续关心下去。因此，社会主义发生的情况就是，这种弥赛亚悖论出现了两极分化：一方面，缺乏耐心变成了犯罪；另一方面，耐心也变成了犯罪，只是也许性质更轻而已。

b) 有何可做?

我至少要说几句话，以表明有何可做。

首先，我认为我们最需要克服信仰的涣散和丧失，而进步力

---

① 以利亚（Eliah），《圣经》中记载的生活在公元前 9 世纪的一位先知，常被视为神的代表。——译者

量在过去 10 年正日益遭受这种风气的影响。我认为即便是参议员麦卡锡①这样的人物，也不应该抹杀人类几千年来对改良和进步抱有的一切希望。所有这些事情都有一种不太现实的紧张情绪，这部分说明信仰的丧失由来已久，个人可以将它视为人们对于进步即将来临之前的一种彻底幻灭。不妨略微改动一下斯宾诺莎的话：如果这个目标很容易实现，那么它很早以前就已实现，所以人类的进步显然非常缓慢。我不认为有任何理由可以相信，我们生活的时代是一个衰败的时代，是一个让人性逐步倒退的时代。

我们生活的这个时代诞生的许多事物在人类历史上确实前所未有。可以说，在任何时代也从未如此频繁。我们在思想上已经取得巨大的进步，这足以和公元前 500 年希腊的伟大时期以及近代之初的伟大时期同日而语，这种进步及其成就定然不是一个衰败时代的征兆。我们可以想象人类会实现一个最古老的梦想，即随着财富的不断增加，人类的物质需求得以满足。我们当然可以想象几代人之后，这个问题甚至会比今天更加突出。这曾经是一种愿景、一种理想、一种希望，但人们直到如今才开始将它视为现实。

除此之外，甚至有迹象表明，在美国和其他许多国家，人们愈发认识到，在整个过程中当我们尽力制造机器时，已经丧失了某种东西，对此必须给予关切以便将它找回。我认为这类改良反

---

① 麦卡锡（Joseph Raymond McCarthy, 1908—1957），美国共和党人，苏美冷战时期极端的反共产主义者。——译者

应已经开始，而且呈上升之势。所以我看不出任何理由，突然要对人类持如此悲观的看法。此外，用我们的寿命来衡量历史，确实是一种过于自我且极不客观的态度。从历史的角度看，几百年也不过一瞬。也许，我们当前所处的时代以后将会被人描述为"中世纪末期"，而过去这400年也将被人如此铭记。

我们必须意识到，进步在何处已将我们引入歧途，政府作为一种渐进发展又在何处产生了对人不利的后果。我们要享受这一渐进发展的成果，就必须改变不利的后果。

我们社会政治环境中的基本情况需要改变。在我看来，这才是社会主义的真正问题，生产资料的社会化并非主要问题所在。社会主义的问题是**工作条件的社会化、工人职能的社会化**，个人在工作中要能够积极合作，工作再次变得既有尊严又有意义，因为它是个人生命力的一种表现。为实现这一目标，社会如何变革并采取什么手段，我们对此必须加以研究，而在我看来这才是社会主义的真正问题。与这个问题相伴的则是我们政治结构中的变革，它要朝着民主运转的方向行进，并且使民主更为具体。如今，我们面临这样的事实：个体公民实际上几乎无从影响正在发生的事件。对此我们知之甚少，没人征求我们的意见。在我们运作的这种体系当中，该做的决策不经我们就已执行，但问题在于是否能够找到方式和途径来组织工作、社会、政府，以便人们不像机器一样被对待和操控，而让每个公民都有机会参与到决策当中？

这个问题部分等同于以下思考：我们的工业生产体系是否与个性兼容？能否在大规模批量生产的前提下，能否在拥有高度集中的大型企业的同时，确保一种个人主义且重视我所谈论的个体责任和社会参与？

说我们会放弃工业时代的发展，这必然是荒唐的。我们绝不会这样做，因为显然把人从体力工作的重担中解放出来，为他提供生活的方式且不再遭受苦难，这其中的好处不言而喻，因此人类绝对不会放弃过去400年的成就。以此来看，将工业体系与倡导民主和个性的社会体系结合起来确实非常困难，但我想解决这个问题是否会比生产原子弹更难。我想在原子弹的生产中，物理学已经投入巨大的研究、工作和努力；在如何创造一种社会以便我们的工业体系可以和个人民主体系共存的问题上，相关的研究和努力几乎还是一片空白。只有一个人努力超过我们的社会学家、政治家以及所有人上千倍，他才真正有资格谈论困难与否。目前为止，我们甚至还没有尝试过。只要我们明白其中的意义并真正关心的话，我看不出为何解决这个问题会比解决自然科学问题更为困难。

一个社会的组织方式以及生产和劳动组织方式与人们的生活方式定然有别。为让人们成为更具人性的个体存在，我认为有些基本改变十分必要；但我同时也认为，我们必须从自身开始。如果一个人在谈论政治和社会变革时，不从审视自己的态度开始，不去改变自己的某些东西，那么所有的一切都是信口开河，非常危险，因为个人追求的、个人希望生产的东西都与内心体验毫不相关。因此，个人无从决定这样的变化是好是坏。在我看来，陷入我们当今政治的抽象本质与陷入社会主义意识形态的抽象概念之中同样危险。

在《旧约》中有一句话，我认为与我们当今的状况存在一些关联。它说:"你将会受到诅咒，因为你富有的时候，不欢心乐意地侍奉你的神。"[《申命记》28：47]我们物质上富有，但我们在享用时却并不欢心乐意。

我们已经释放自然的力量。我们已经释放许多能量，并且正在利用它们促进社会的经济生活。这些能量人们从未理解，而且永远不会加以关注。显然，在释放自然能量的过程中，我们已经压抑并阻滞越来越多人的能量。我们看到在某些情况下以及在某些戏剧情景中，其实个人也拥有一种能量，它和物理学家从原子中发现的能量同样神奇并让人惊叹。然而，人的能量几乎完全受束，根本找不到表达方式。它不仅没有得到释放，而且在很大程度上已经失效。在我看来，未来的任务不但需要考虑物质能量的释放，更要审视我们的内心，来确保相应的制度得以建立，并使变化在个人和体制上得以发生，由此让人的能量得到释放，并用于社会生活当中。

我们必须保留当前的工业生产模式，尽管这导致人与自己的疏离以及我们之前谈论的所有不良心理后果。因此，我们面临着一个问题，即集中与分散要相互结合。我们需要思考，以找到工作和民主的社会组织方式，由此将工业机器的运转与个体的能动性、参与和责任更好地结合起来。这个问题类似 18 世纪个人所面临的权力分配的问题。一个民主国家该如何运作？这种体制如何运转？这首先是关于全新社会形态可能的蓝图和科学思考。

我认为有可能发展新的工作模式和产业组织结构，其中有些端倪在美国已经出现。世界各地都有合作社的经验。以下便是我尽力想说的内容：

如果我们明白这个问题必须解决，如果我们既不想失去机器也不想失去人类，如果我们将自己的知识、关爱和智慧都运用到这个问题上，它并不比我们业已解决的许多科学问题更为困难。问题不在于它有多难解决，不在于它无从解决，不在于事情本质上不可能。问题在于我们仍在延续一项已有 150 年或 200 年历史的计划，我们根本没有注意到以下这个事实，即尽管这个计划在许多方面都曾奏效，但在人性层面上却并无作用，而且不但效果越来越弱，甚至可能破坏它曾经建立的东西。

二、 心理健康的概念

1. 心理健康的主流概念

心理健康基本上存在两种概念。一种我们可以称为社会导向的概念，另一种我称之为以人为导向的概念，或者用更熟悉、更传统的话语，也可称为心理健康的人道主义概念。

社会导向的心理健康概念意味着，如果个人能够履行社会给予他的职能，能够依据任何既定社会的需要来运转，那么他就是健康的。我给你们举一个特别的例子。假设存在这么一个原始部落，它靠袭击其他部落、杀害对方的成员并抢劫他们的财产为生，而部落中有人不喜欢这样，也就是说他对杀人抢劫的想法感到震惊。他可能意识不到这种厌恶，因为在这个特殊的社群当中，去厌恶每个人都喜欢的东西简直不可想象。其实，在任何社会中厌恶大多数人喜欢的东西都是不可想象的。

或许，一天早晨当他们投身战斗时，他不会意识到自己厌恶杀人，但会呕吐一阵。鉴于他们还没先进到有精神科医生，因此他也不会被人诊断为心理疾病或症状，但他们——部落巫医或任何人——肯定会说这个人很不对劲。当大家都热情地去攻打敌人，他却呕吐了起来，这就让他无法前去进攻。此人在这个社会里定然有病，但在一个和平的农耕部落，他却十分健康。另外，在一个农业合作社会当中，喜欢杀戮的个体才心理有病。

心理健康的人道主义概念则完全不同。依据这个概念，精神健康并不取决于个体在任何既定社会的正常运转，而是取决于人内在的标准。对此，我稍后将更为详细地讨论。如果社会的目标与人全面发展的目标之间并无冲突，那么心理健康的两个概念就完全一样，区分它们也就毫无意义。但目前为止，在历史上个人发展的利益与任何既定社会的利益之间永远存在冲突，故而心理健康的两个概念就始终有所不同。其实，那些提出社会导向心理健康概念的人士一直以此表明，这个概念同时也是一个以人为导向的心理健康概念。换句话说，他们始终认为最适合自己社会的东西同样也最适合人类。当然，大多数人都相信这一点。

以社会为导向形式的心理健康概念通常会选择一个更礼貌的词语。这并不是说，可以履行社会职能的就是健康的人，尽管有时也会这样说，但这里所说的就好比一种程式，心理健康在于个人工作和获得快乐的能力。这听起来并无不妥之处，因为谁能否认工作和快乐对每个人都有益？或者，他们也可能会说，心理健康在于繁衍种族的能力。在后一种情况下，快乐主要表现为男人与女人的性能力。以这种方式表述时，我们很容易忽略以下问题：人们在谈论什么样的工作？他在谈论有趣的工作、无聊的工作、满意的工作吗？人们是在谈论什么样的快乐？他是在谈论个人忘乎所以的快乐吗，比如在酗酒当中？还是现代西方社会中现今如此常见的快乐，那种灾难或者残忍引起兴奋的快乐？另外，人们会谈论喜悦、逸闻轶事、迷人的工作以及生活趣味的快乐吗？

这样一种工作和快乐的程式简直毫无意义。除非我们明确定义自己指的是什么样的工作和什么样的快乐，否则这种程式就没有意义。因此，正如大多的泛化概念一样，它的作用只在掩盖这样的事实，即当一个人谈论人们的工作和快乐时，其实是在谈论社会让人以某种方式运转而得来的利益。同样的观点也经常以这种方式表达，即心理健康意味着个体对社会的适应。但这里我们再次遇到同样的问题，对此个人可以立即提问予以回应：个体适应一个病态的社会之后还正常吗？

心理健康还有另一个概念，它经常用于精神病学，但不是社会导向的概念。社会导向通常隐含其中，但也并非必然如此。这个概念简单地认为，心理健康就是没有精神疾病。也就是说，如果没有神经症、没有精神病、没有症状；更多从社会层面来讲，即没有酗酒、没有杀人、没有绝望，或者相对而言这类现象很少的话，那么我们就可以说，这是一个相对健康的个体或相对健康的社会。在很大程度上，这正是医学上使用的概念。健康的概念在很大程度上表现为没有疾病，直到最近——我提醒大家如果熟悉美国学界的话，不妨关注华盛顿邓恩博士（Dr. Dunn）和其他学者的工作——我们才真正尽力去探寻心理健康的概念，或是总体健康的概念。它不应被动地定义为没有疾病，而应主动地定义为幸福的存在。

2. 心理健康和进化思想

我现在要讨论的心理健康的人道主义概念是一种动态解释。我想说一下有关这个概念动态解释的特殊性质。这种动态定义最先由弗洛伊德提出。我必须强调，这个概念基于进化功能之上，正如我们从达尔文、弗洛伊德和马克思的思想中看到的那样。也就是说，在这个概念中，人的发展被视为一种进化发展，它可以追溯到过去并在某种程度上可以预测。然而，作为社会科学中秉持进化思想最伟大的两位代表，弗洛伊德和马克思的理论特点在于，认为这种进化与价值的概念相关。这就是说，从价值的角度来看，早期阶段的价值较低，而后期阶段——或通常称为高级阶段——的价值更高，而且也更好。

这是一个非常复杂的概念，因为它将我们引入以下难题，对此我要采用例证加以说明。有一个完全自恋的婴儿，还有一个完全自恋的成人。这个婴儿有病吗？不，因为婴儿的自恋是进化发展的必要部分。在他的发展过程中，早期阶段的自恋是必要步骤，而且正因为是必要的，所以不是病态的。如果一个人 20 年后依然表现出同样程度的自恋，那他就有精神病。我可以再举一个例证。如果一个三四岁的儿童爱玩自己的粪便，这不是病态的。如果 20 年后这个大人还有同样的癖好，这就是心理疾病最坏的征兆。

若某种现象在人类进化的某个阶段是必要的，那么它就不是病态的。然而，如果它逾越进化的必然性，那就会变成病态的。

这正是弗洛伊德描述的情况，比如"退行"（regression）或"固着"（fixation）。你们从马克思的进化思想中也可以发现同样的理念。例如，若社会的发展使奴隶制成为必然，那奴隶制本身在道德上也并不邪恶。或者，这对财产来说如此，对异化来说也如此，等等。然而，如果在一种情况下奴隶制毫无必要，因为社会的普遍条件允许废除奴隶制，那么它就是病态现象。

其实，这可以用黑格尔的一句名言加以解释，他对此持有相同的观点，而且他的所有思想都基于这句名言之上。黑格尔的这句话经常被人误引，他说："凡是现实的都是合理的。"（G. W. F. Hegel, 1821, 第24页）这句话时常被人误解，由此认为黑格尔是个反动派，认为他接受一切存在的东西：即便最坏的事情，只要是存在的，它就是"合理的"。在他自己的体系中，黑格尔所说的"现实"其实是"必要的现实"。也就是说，在进化过程中必要的东西从来都不是病态的，但如果超越了进化的必然性，它就变成是病态的。显而易见，要得出这样一个概念，你就要有清晰的进化概念，即个体或人类大体必须经历的进化阶段。显然，弗洛伊德对进化的阶段有非常清晰的概念。黑格尔也一样，马克思在某种程度上也是如此。

弗洛伊德的概念大体上以两种方式定义心理健康：其一，心理健康的获得以克服俄狄浦斯情结为条件，即克服对母亲的那种原初的乱伦固着以及由此导致的对父亲的敌意；其二，力比多发展已经通过前生殖阶段并到达生殖阶段。这是一个清晰的进化概念，它的出发点在于，人的发展始于俄狄浦斯情结，并在前生殖阶段必然经历这一发展，而心理健康的个体可以定义为圆满完成这一过程的人、圆满经历进化阶段的人。

3. 本人的心理健康概念

我现在想谈一下自己的概念，它们基于弗洛伊德理论之上，但以略微不同的方式强调了某些东西，虽然并非在本质上有所不同。我这里谈论的心理健康要从克服自恋的角度，或者正面来讲，要从由此获得的关爱和客观性，从克服异化（这是个黑格尔-马克思概念，在弗洛伊德理论中全然无存）以及由此产生的身份和独立意识，从克服敌意以及由此导致的和平生活能力，最终要从获得生产能力的角度进行，即要克服远古阶段的同类相食和依附特征。

当提到个体的心理健康时，我主要想到社会的心理健康。我还是个孩子的时候，在学校里学过一句古老的拉丁谚语 "*Mens sana in corpore sano*"，意即"健康的心灵存在于健康的身体里"。这句谚语可能你也学过。不过，它至多说对了一半。健康的身体里有许多不健康的心灵，而不健康的身体里也有许多健康的心灵。我想有人可能会更加在理地说，"*Mens sana in societate sana*"，意即"健康的心灵存在于健康的社会里"，这其中当然有例外。因此，个体心理健康和社会心理健康的问题对人而言绝对无法分开。

a) 克服自恋

我首先要谈一下克服自恋。我知道你们大多数人都熟悉弗洛伊德的自恋概念,对于那些不太熟悉的人,我会十分扼要地做一些解释。在开始之前我想说,我认为弗洛伊德最伟大的发现,也许正是自恋这个概念的提出,而且在心理疾病的产生过程当中,可能没有任何实体会比自恋更为重要、更为基本。如果非要用一句话来概括心理健康,那么我会说心理健康在于最低限度的自恋。不过,对此我要讲得更为具体一点。

弗洛伊德所言的自恋是一种态度,包括主观的东西、我自己的感觉、我的物质需求、我的其他需求,这些要比客观的东西、外在的东西更加具有现实性。当然,其中最明显的例证从婴儿身上——尤其是新生儿——以及精神病患者身上就可看到。在新生儿身上,除需求的内在现实之外别无其他现实。在某种程度上,外部世界从个体对它的构想角度来看甚至并不存在。这对于精神病患者同样如此。精神病——如果我们给它一个普遍的定义——正是完全的自恋,个体与世界几乎完全没有关联,尽管客观上它依然存在。

在婴儿和精神病患者之间,我们是所谓的正常人,正如弗洛伊德已经观察到的那样,自恋或多或少在我们所有人身上都发挥着作用。让我给你们举一个例子:一个男人爱上一个女人,而她对他毫无兴趣。如果他非常自恋的话,就无法认识到她不感兴趣。因为他的逻辑如此认为,而且他会经常说:"我爱她那么深,她怎会不爱我?"他唯一的现实是他自己的爱。别人可能会有不同的感受、不同的反应,但这对他来说一点都不现实。

你知道作家的故事:他遇到一位朋友,谈起自己的书,我指的是作家的书。15分钟后,他说,"哦!我已经谈论了很多自己的事情,现在我们谈一下你的事吧。"朋友说:"好吧。"但作家会说:"你觉得我的新书怎么样?"这里,你遇上了同样的自恋,只是这种现象十分常见而已,它不像前两个例子如此可怕、如此病态。

事实上,自恋的人根本无法在情感上以外部世界本来的面目去构想它。他在智力上感知世界。如果他不这么做,就会发疯。但他并没有从情感上感知世界。鉴于经常造成混淆,所以我要说弗洛伊德以及我本人这里所言的自恋,与自我主义和虚荣其实是完全不同的概念。一个人可能会非常自我——你可以说这暗含着一定程度的自恋,但程度并非比普通人重——他之所以是自我的,因为他没有爱心。他对外部世界并不真正感兴趣,自己却想要一切东西。但非常自我的人可能对外部世界有很好的认知。虚荣的人通常——至少从某种虚荣来看——不是特别自恋的人。他通常是个极为不安的人,总是需要别人的肯定。所以他始终会问,你是否喜欢他;如果他聪明并受过精神分析训练,他不会直接这么做,会稍微间接地如此行事。但实际上,他主要关心的依然是自己不安的感觉。但这也不一定就是自恋。真正自恋的人根本不在乎你对他的看法,因为毫无疑问他认为自己的看法是真实的,而且自己说的每一句话都奇妙至极。如果你遇到一个真正自恋的人,他步入一个房间说"早上好"时会觉得"这难道不奇妙吗"?他只是在那儿说了一句"早上好",这对他来说就是奇妙的事情了。

自恋的结果就是客观性和判断力的扭曲,因为对于自恋者来说,"我的东西是好的,坏的东西不是我的"。自恋的第二个结果是缺乏爱心，因为显然如果我只关心自己，就不会爱外界的任何人。弗洛伊德在此给出了非常重要的评述，即大人与孩子之间以及大人之间互称爱人的关系，它在何种程度上才会是爱。其实，这种关系多半只是一种自恋关系。也就是说，在母亲对孩子的爱当中，她其实是在爱自己，因为他们是她的孩子；同样，如果她碰巧爱她的丈夫，她可能会继续和他生活下去。我不会说事情必然如此，但这确实十分常见，因此这种人的自恋性格往往隐藏在表象背后，即对另一个人的爱心。

你会看到的另一个结果是个人自恋的失望。然后，你会看到两种反应：一种是焦虑抑郁，另一种是愤怒。这取决于许多因素。研究精神病抑郁症在何种程度上是自恋严重受伤的结果，这在精神病学上是一个非常有趣的问题。而弗洛伊德所说的带有部分抑郁成分的哀悼并不是个体对自恋形象的哀悼，因为这个自我形象已经遭到毁灭，而是对融入其中的另一个人的哀悼。如果你伤害自恋者的情感，会看到对方极为愤怒。当然，这种愤怒有意识与否则主要取决于社会地位。如果他有权力，那愤怒可能就是有意识的；如果你的权力在他之上，他就不敢有意识地发怒，你就会看到一个抑郁的人。但如果情况发生变化，你也许会看到愤怒而不是抑郁。

将克服自恋作为人生的目标，这在表现上似乎非常不同，即在东西方的伟大宗教和现代科学上。人类的目标就是要克服自恋，能够去关爱他人，能克服对自我的崇拜，等等。这正是现代科学的功能，因为抛开结果不谈，现代科学作为一种人的态度，正是一种以本真面貌而非个人意愿接受现实的态度。

伟大的希望与现代科学的发展有关,它同时也带来一种客观与理性的态度,而这正是克服自恋的关键所在。其实,非常有趣的是,今天最杰出的现代科学家,我认为是理论物理学家,他们可谓世界上我们所见最理智的人群,有些明显的例外我也无需赘言。对我而言,如今这种理智在很大程度上表现在一件事上,那就是能够看清核军备竞赛招攻灾难且愚蠢至极。世上可能没有任何人、没有任何职业群体,能像物理学家那样如此清楚地看明这一点。不幸的是,我们这个行业并不处于具备这种远见的第一梯队,尽管有人会说它本该位列其中。

我们这里主要关心的不是个体问题,而是社会问题,所以我必须补充非常重要的一点:自恋从个人自恋转为群体自恋。你会发现自恋个体完全沉迷于自己。你有时还会发现家族自恋,即"疯狂家族"。我记得有一个案例:母亲、女儿和儿子——丈夫已被赶跑——全都相信他们是世界上唯一体面的人;别人都肮脏不堪、不会做饭、不会做任何事情;他们是唯一有道德的体面人,他们对别人怀有极深的仇恨和蔑视。

任何人看到这事,都会认为家族自恋有点奇怪。但当我们看到同样的现象不是指某个家庭,而是指这个国家时,人们就不会觉得奇怪了。认为我的国家是最好的、最美的、最这个或最那个的,这种态度用于一个民族或者一种宗教上面,听起来好像值得称赞、合乎道德且感觉良好,但同样的态度如果用到个人或者家庭上面,就显得极其令人反感或者非常疯狂。

在心理学上,群体自恋和个体自恋并无太大的差异。这种从个体自恋向群体自恋的转变,会引起宗教仇恨和民族主义,在这种转变中事态并非必然在本质上发生变化。然而，还有一件事情十分重要。对一个身无分文、一无所有、没受教育的可怜人而言，要维持个体自恋极其困难，除非他真的彻底疯了。对他来说，个体自恋转变为民族自恋让他可以保存同样的自恋而不用发疯，因为这种自恋已经得到其他人的认可，得到领导人、教科书的认可。一切东西都让他认为自己的国家是最好的，它有传统、有未来、有正义、有道德，而其他国家——尤其在出现政治困境时——的民众都一文不值，大多是罪犯、不道德分子，诸如此类。

正如我之前强调的那样，一旦个人成功地将他的个人自恋转移到群体之中，他就可以保持同样的自恋而不会发疯，因为这种自恋得到了他人的认可。这是一种普遍的精神错乱，其后果与我之前描述的个人自恋的后果非常相似。比如，你可以透过数据看到有些国家，通常教育程度最低且最贫穷的阶层不仅是最自恋的，而且是最民族主义的。这对美国而言确实如此，因为许多研究都表明了这一点。为什么？因为正是由于生活的贫困、物质和情感上的贫乏，个人除了自己的民族之外，没有任何东西可以感到自豪。除了这种原始的自恋之外，没有任何东西给他带来一种成就感和自豪感。

另外，我想再强调一点。你们中的许多人可能还记得弗洛伊德曾经说过，哥白尼、达尔文和他本人严重伤害了人类的自恋，因为他们已经证明人根本不是宇宙的中心，不是上帝独特的创造物，甚至就连人自己的意识也只具有相对的意义。从历史的角度看，人们可能因此推断在过去的两三百年，自恋在大幅下降。但如果你观察现今四处猖獗的民族主义，它导致人们玩弄最致命也最疯狂的工具——核武器，这有可能会招致人类的毁灭，所以我认为你们必须承认，这种民族自恋依然带有某些病态和疯狂的成分，而这根本不符合历史进程中自恋水平降低的预期。我想我们不妨可以说，虽然弗洛伊德提到的这些因素已经严重伤害人类的自恋，但它们并未真正地摧毁或克服这种自恋。如今，我们非常清楚地发现，这种自恋已导向民族主义、政府机构等等，但主要导向技术之上。

这听起来既有悖常理也自相矛盾，而且从心理上看如今人们似乎对原子弹非常自豪，因为这正是人类所能生产的东西，其足以摧毁世界的能力已经成为自恋格外关注的对象。换句话说，用科学来削减自恋不仅没有切实达到效果，反而导致这种自恋被用到科学结果的技术形式上来。

我们讨论心理健康问题，就在于如何克服自恋。这个问题已经困扰了人类的精神好几千年。我不会试图提出一个计划或一种方法来克服自恋。然而，我想从理论上考虑问题。我们可以区分恶性和良性形式的自恋。

我所说的**恶性形式的自恋**，是你从精神病患者或重病患者身上发现的那种自恋，它确实导向患者本人身上。我的外表、身体、思想、感觉、胃口或其他任何东西，都是世界上唯一真实的、唯一重要的东西。这种自恋之所以是恶性的，因为它把个人与理性、关爱、同伴以及生活的所有趣事截然分开。

在良性形式的自恋当中，自恋不是导向某一特定区域——比如我的身体、思想，而是导向个体完成的事情、一项成就，科学成就、经济成就或其他任何成就。也就是说，不妨称我的自恋情感不是针对我自己，而是针对我所创造的某种客观事物。这仍是自恋，但是良性的，因为通过创造某种东西，我同时也克服了部分的自恋，这是一个辩证的过程。在生产或创造某种东西的过程中，我被迫将自己与世界关联起来。诚然，自恋不会导致人们之间发生公然的冲突，但会导致一场有关最佳成就的竞争。

我并不是说良性自恋是人类发展的理想或终点，但这将是克服我们所见的个人纯粹病态自恋的下一步。我要说还有另一种方式，即整个人类，而非一个民族，成为自恋的对象；人们可以为整个人类感到自豪，而不是作为人类的一部分感到自豪。非常奇怪的是，虽说有联合国在起作用，虽说我们在许多方面取得了很大进展，但很少有人会为整个人类感到真正的自豪。如果人们对人类有像他们对自己孩子那样的自恋情感，那么今天也就不会有核武器了。

只有全世界每个国家都取得巨大的社会经济发展，这一切才会成为可能。如果因为太贫穷、太悲惨而无法获得任何成就，或者自己的思想遭受地方恶霸或官僚主义的戕害，那么我无须为这种成就感到自豪。这种克服自恋的方法要想实现，不仅需要人类接受某些观念，而且需要所有国家的生活发生根本变革，这会让每个人、每个国家都为自己取得的成就感到自豪，而不是为自己的毁灭手段感到自豪。

b) 克服异化

我要谈的第二点是克服异化。近年来，异化的概念已经变得有些时髦。在此，我要简单地说几句异化的概念是什么。

其实，这个概念由黑格尔第一次使用，尽管严格说来在历史上并非第一次，但从系统性上来说是第一次。黑格尔所指的异化是，我没有把自己作为个人行为的主体，作为有思维、感觉、爱心的个人加以拓展，而是在创造的客体中去拓展自己和个人的力量。也就是说，我觉得自己一无是处，我只在自己创造的客体中尊重自己，通过接触自己创造的客体来感受自我和个人的力量。在《旧约》中，这被称为"偶像崇拜"：人崇拜自己双手创造的产物，而不是作为造物主去体验自我。

费尔巴哈（Feuerbach）针对宗教发展了异化的概念。他说我们越是丰富上帝，自身就越是贫乏。马克思把这表达得更加充分。我引用马克思说的一句话："社会活动的这种固化，我们自己的产物整合为一种统治我们、不受我们控制、使我们的愿望不能实现并使我们的打算落空的物质力量，这是迄今为止历史发展的主要因素之一……"（K. Marx, MEGA① I, 5, 第 2 页）在《1844 年经济学哲学手稿》中，马克思写道："你的存在越微不足道，你表现自己的生命越少，你拥有的就越多，你的外化的生命就越大，你的异化本质也积累得越多。"（MEGA I, 3, 第 130 页）个人的贫乏是为了丰富他创造的客体，这就是异化的本质。

显然，异化的个人惊恐不已，而且他依赖于客体——事物、

---

① 这里的首字母缩略语"MEGA"代表德语"Die Marx-Engels-Gesamtausgabe"，意即《马克思恩格斯全集》。——译者

玩意、商品、官僚机构、国家、领导、头目——而存在，这些客体有多种形式，但都具有赋予个人身份意识的相同功能。因为只有屈服于巨大的权力、伟大的人物或宏大的机构，他才可以感受自己，但这些东西赋予他的是感受自己力量的错觉。

尽管异化并非现代社会组织当中人唯一的问题，但西方社会还从未出现任何时期，其中异化竟达到如今这样的程度。我想在这里补充一点，内容涉及拉丁美洲的农民：至少我在墨西哥看到的情况就是如此，那里的一种异化形式就是听天由命。它表现在个人屈服于命运的绝望之中，即个人对生活无能为力，但生活必须继续下去，而且必须原样继续下去，最大的问题就是命运，或者说是必然。你必须接受这种安排。如果你自愿接受的话，那么在某种程度上就与最强的力量在一起。这就是命运。这种宿命式绝望便是拉丁美洲农民缺乏心理健康的一个症状。人们发现了一种特殊的异化形式，命运和所谓的必然已成为伟大的"女神"。

显然，人民克服异化既是独立的基础，也是任何真正民主的基础。民主不单只是把选票投进箱子而已。诚然，这又需要重大的社会变革，个体不服从头目或官僚机构的那种社会变革。个体参与到社会生活当中，积极负责地发挥作用。这并不只是财富的问题，也并不只是良心的问题。这是一个积极参与的问题，而只在某些条件下这才有可能，其中一个条件我认为是适度的权力下放。

c）克服恋尸

作为心理健康的部分内容，我想谈论的第三个概念是克服敌意。我所指的敌意是一种病态因素，不是生命遭到攻击时的反应，因为在这个意义上它有利于生命，而且普遍为人所接受。

我区分了两种不同的敌意。我将一种称为"反应敌意"（reactive hostility），这是对焦虑的一种反应。受到惊吓的个人心有敌意，如果他非常害怕且无力反击，就必须压抑并克制他的敌意。但总体而言，如果你探寻世界上什么是敌意的主要来源，它定然不是所谓的人性之恶变成了如今现代的版本。事实在于，大多数人都心生畏惧。我想说这是一个非常荒谬且自相矛盾的现象，即过去从中世纪末至今的这 400 年，可谓充满恐惧的几个世纪。世界上从来没有像现今这样安全，也从来没有像现今这样不安全。这种不安不仅体现在个人和情感上，而且十分具有现实意义，因为人们多年以来还从未生活在所有生命随时都可能被毁的紧急危险之中。对此人们可能有所预料，或者可能毫无预料。

这种焦虑实际上始于中世纪末，并在过去几百年一直以某种形式存在。我认为它现今已经飙升至一个高峰，以至于诸如奥登①等人还恰当地把我们这个世纪称为"焦虑的世纪"（Century of Anxiety）。我现在不想讨论这种焦虑，而要讨论焦虑会产生敌意这个事实。你从个体身上看到的大多敌意都源于受到惊吓。我认为我们生活在一个人心恐惧的世界。那些显摆炸弹的人肯定与那些害怕炸弹的人同样心怀畏惧。人们如今的这种畏惧就与异化

---

① 奥登（W. H. Auden, 1907—1973），英裔美国诗人，1964 年获诺贝尔文学奖提名却最终与诺奖失之交臂，代表作有长诗《焦虑的时代》（*The Age of Anxiety*, 1948）和评论集《染匠的手》（*The Dyer's Hand*, 1962）等。——译者

有关，与社会一致性的缺乏有关，与人类的原子化有关，与每个人厌倦生活并感觉生活没有太大意义有关。

还有另一种完全不同的敌意，我称之为"恋尸敌意"（necrophilous hostility），又名"恶性敌意"。我想给你们读一下由米格尔·德·乌纳穆诺①在精彩发言中给出的定义。这次发言是他在萨拉曼卡大学②针对佛朗哥③麾下将军米兰·阿斯特雷④的演讲所作。米兰将军有一句座右铭，你会发现许多法西斯分子有意识地公开赞成，而如今许多人则不会如此公然行事。这句座右铭是"死亡万岁"。将军演讲结束后，米格尔·德·乌纳穆诺站起来说，"刚才我听到一声恋尸的无意义叫喊'死亡万岁'。"我请大家注意"恋尸"这个词语。你们知道，恋尸是一种变态行为，它表征一个男人想与一具女尸发生性交的欲望。这十分罕见，但确实存在。乌纳穆诺这里在更广的意义上使用这个词语，即对死亡的喜爱、对死亡的迷恋。

乌纳穆诺接着说："我一生都在塑造悖论，这已经引起他人无法理解的愤怒。我必须以专家身份告诉你，这种荒诞的悖论令

---

① 米格尔·德·乌纳穆诺（Miguel de Unamuno，1864—1936），西班牙文学家、哲学家，1924 年曾因反对本国的独裁统治而被流放，侨居法国几年后于 1930 年返回，代表作有《堂吉诃德和桑丘的生活》（1905）、《对生活的悲戚感情》（1913）。——译者
② 萨拉曼卡大学（University of Salamanca），西班牙最古老的高等学府，于 1218 年由阿方索九世下令建立。——译者
③ 佛朗哥（Francisco Franco，1892—1975），西班牙政治家，1936 年内战之后成为国家元首，二战期间支持纳粹德国，此后推行独裁统治长达几十年。——译者
④ 米兰·阿斯特雷（José Millán Astray，1879—1954），西班牙将领，二战期间曾公开支持纳粹德国。——译者

我反感。米兰将军是个残废。我说这话没有任何污蔑的意义。他是个战争废人，塞万提斯也是。不幸的是，西班牙有太多的残废持这种观点。如果上帝不来救助我们，很快就会有更多的残废。让我心痛的是，米兰将军竟然宣扬暴民心理模式。一个缺乏塞万提斯精神高度的残废，会习惯于通过戕害周围的人来寻求邪恶的释放。这是一座智慧的殿堂、一所大学，我是它的大祭司。你亵渎了它神圣的领地。你会获胜是因为你有充足的武装部队，但你无法让人信服。为了让人信服，你需要劝说，而为了劝说，你又需要你在斗争中缺乏的理性和正义。我认为要敦促你替西班牙着想纯属枉然。不过，我已经这么做了。"［引自 H. Thomas, 1961, 第354f页］

乌纳穆诺非常清楚地看到了这种迷恋死亡的本质。这是一种恋尸态度。在这种态度当中，死亡、毁灭、腐败具有一种反常的吸引力。我要说，这也许是现存唯一真正的变态，即人活着的时候为死亡所吸引。这种恋尸态度你会在少数人身上发现。他们能够说服那些因为害怕而愤怒和生气的人。你很容易就可以改变愤怒和生气的人群，因为只要消除他们的恐惧就行。但这又并不容易，因为要消除他们的恐惧，必须让他们的生活有意义。而你无法轻易改变恋尸狂，尤其重要的是要辨别他们，并把他们看作人类现存最严重的精神失常。

这种恋尸敌意最明目张胆的一个案例就是希特勒。有一个关于希特勒的故事，虽未证实，但极有可能。在第一次世界大战中，一名士兵发现希特勒在恍惚地看着其他士兵腐烂的尸体，而且很难让他离开现场并脱离这种恍惚状态。正是这个人说服了他自己，并说服了数百万人民，让人相信他的目标是改善和拯救人民。在他最后的日子里，他的真正目标显然是摧毁一切。像希特勒这样纯粹的恋尸狂，其人格真正的实现就是完全毁灭，而不是生存。

要想让这个概念更易为人理解，我知道必须对它展开更多的讨论。我想顺便提一下，弗洛伊德描述的肛门人格是一种更为常见的恶性形式，而比它更恶性的形式就是恋尸人格。肛门人格只是被粪便和脏物吸引，当它变成更为恶性的形式时，就会被死亡和所有与生命相反的东西吸引。

这种对死亡的吸引是任何人都可能被赋予的一种能力。如果个体在我所谓的主要潜力发展上失败了，即无从与生活中有趣的、欢乐的事情关联，或者发展自己关爱和理性的能力；如果所有这些东西都不完整，那么人类很容易发展出另一种形式的关联，那就是毁灭生命。通过如此行事，他也超越了生命，因为毁灭生命和创造生命本质上都是一种超越。

为了能够创造生命——我并非指生育孩子，而是一切生命的创造——我们需要某些个人和社会条件。但即使是最不幸、最贫穷的人也可以毁灭，他在毁灭中就与自己的残废特征——乌纳穆诺所言——完全扯平。你可能会说，恋尸破坏性是残废的超越、反常的创造，他之所以毁灭是因为他无法去创造。

从长远来看，如果要削弱这种恋尸破坏性，解决办法显然在于要达到让人们能够以个体形式展现自信的生存条件，在其中个人可以合理地依靠另一个人，但不是要把他吃掉。这里的正向表现正是我所说的独立自由个体的"生产导向"（productive orientation）。

d）心理健康的社会决定因素

让我针对历史条件说几句话，人在其中作为社会的一种反射发挥作用。而且十分有趣的是，人既生活在现在也生活在过去的社会中。如果我们给任何既定社会中的任何个体拍一张 X 光片，就能从此人的身上至少看到过去 500 年社会历史的缩影。你只须让它清晰显影就行。这些事情、这些态度，大多都是他所属群体的历史。你可能会说，你从此人身上发现了一个尚未实现的未来。你会发现社会有自己的未来，尽管它还尚未实现，但什么人正在迈向这个未来，社会将透过此人所处的能量需求阶段表现出来。在同一个社会中，每个人都具有这种特征。即使他们还尚未作古，依然处于力量的巅峰，未来的面貌特征也已经透过此人显现出来了。

个体正是过去甚至未来的静态表达。因此，任何意义的心理健康都只能从目的何在、目标何在、社会来自何方以及迈向何方加以阐发。在心理健康缺失的所有症状中，有一种在我看来最为糟糕：缺乏希望。它是心理疾病所有症状的根源，无论是酗酒、谋杀，还是缺乏纪律或者腐败。哪里希望渺茫，哪里就会看到这种根源。诚然，我正说的东西只是歌德所言的翻版："历史人物之间的区别不外乎有信仰和无信仰之间的区别。"那些有信仰的人依然活着，那些没信仰的人已经死去。对社会来说合理的东西，对生活在其中的个体来说也同样合理。

心理健康是一种没有异化、相对来说并不自恋、没有焦虑、不具毁灭性且活力十足的个体综合状态。如果我给出一种十分笼统的表达，那就是对生活发生兴趣的人。这对任何个人都是如此。显然，对生活发生兴趣的能力不仅取决于个体因素，而且取决于非常重要的社会因素。应对精神疾病并试图获得心理健康的主要方式，重点不在于个体治疗，而在于改变那些产生各种精神疾病或导致心理健康缺失的社会条件，对此我之前就已试着进行了描述。

三、人的人道主义科学

1. 初步考虑

当今时代的特征在于,我们的科技知识与我们对人的了解程度之间存在着严重的分歧。

这不单是一种理论上的分歧,也是重要的实践分歧:如果人无法更深入地认识自己,并用这种认知更好地组织他的生活,那么必将会被自己科学知识的产物所毁灭。但心理学、社会心理学、精神分析、人际关系等领域成千上万的研究者,他们不是早已满足人类更好地认识自己的这种需求吗?要建立一个新的"人类科学研究院",那么这个问题的答案就至关重要。如果认为现存的社会科学已经充分涵盖人类科学的目标,那么确实应该加强现有的学科框架,而不是建立新的研究院。

参与讨论成立新研究院的人们明确认为,现有的社会科学无法提供所需的东西。以下便是人们持这种看法的一些原因:

(1)在自然科学的成功和声望触动下,现今的社会科学(除了几个显著的例外)试图将自然科学的方法应用到人的发展上面。它们不仅不去自问这种对研究事物有效的方法是否对研究人类依然有效,甚至也不去质疑这种科学方法的概念是否幼稚和过时。它们认为采用计算和测量的方法才称得上科学,全然忘记当今最发达的自然科学,比如理论物理学,是基于想象推理之上的大胆假设。在爱因斯坦看来,即使是直觉也不应被人轻视。照抄一种严重误解的科学方法,其结果就是"事实和数字"方法决定了研究的问题。研究者之所以选择次要问题,因为从中得来的答案可以转化为数字和公式。他们不去选择重要问题,也不去开拓适用于研究问题的全新方法。

由此导致的结果就是,虽有成千上万的研究项目,但大多都不触及人的基本问题。这些项目的想法毫不严谨,而是幼稚地带点实用特色,无怪乎先进的自然科学会比社会科学吸引到全国上下更杰出的人才。

(2)与科学方法被人误解的问题密切相关的是社会科学当中充斥的相对主义。尽管我们口头上依然赞颂伟大的人道主义传统,但大多数社会学家却完全采取相对主义态度。在这种态度之下,价值观念被视为品位问题,而并不具有客观有效性。由于探究价值观念的客观有效性是一项艰巨的任务,于是社会科学选择了一条更为轻便的道路并将这些观念彻底抛弃。在如此行事的过程中,它就忽略了一个事实,即我们的整个世界正受到价值观念日渐丧失意义的威胁,这导致我们愈发无从建设性地利用自然科学思想和努力的成果。

(3)这种相对主义的另一面,就是人作为明确实体的概念已经消失,而这个实体原本可以让人在各种文化中以各种面貌呈现。人们在研究人的时候,好像人是一张每种文化都可以在上面涂写自己文字的白纸,而不是一个在生物学和心理学上可定义的实体。如果我们不去挽回这个把人视为基本现实的概念，又如何指望卓有成效地推动人类在地理和社会上的逐步统一？毕竟这才是未来的历史趋势。

2. 总体目标

依据这些初步考虑，我们制定出研究院的总体目标，那就是本着人道主义精神对人进行科学研究。更为具体地说，它具有以下含义。首先，对人的研究必须基于某些人文关怀之上，尤其是整个人道主义宗教和哲学传统关注的东西：人的尊严问题以及个人关爱和理性的潜力在有利条件下的实现问题。其次，对人的研究必须建立在对我们自身历史状况的关注之上：我们传统价值体系的崩溃，纯粹的智力和技术活动不受控制且毫无组织的增长，以及为建立人道主义传统价值而去寻求一种新的理性基础的需要。这些关注认为，尽管存在各种差异，但人类属一个物种，不仅在生物学和生理学上如此，而且在精神和心理上更是如此。

只有审视并拓展适合人类研究的方法，才能实现这些总体目标。这个问题不是在人的科学与非科学研究之间进行选择，而是在于确定什么是以及什么不是理解人类的合理方法。

人的人道主义科学必须延续过去那些伟大学者的工作，比如亚里士多德和斯宾诺莎。它的丰富不仅得益于生物学、生理学和社会学为我们提供的新数据，也得益于我们作为当代人处于这个转型时期关注人类未来的切身经历。

在这个层面上，似乎有必要再补充一点。社会学家经常说，科学研究的一个条件就是要祛除任何利己或预先的目标。自然科学的发展清楚地表明，这是一种幼稚的设想：在很大程度上，实用目标和必要性是在推动而非阻碍科学研究的发展。科学家的任务是确保自己数据的客观，而不是毫无目标地研究——正是目标给予他的工作以意义和动力。正如每个时代都有特定的经济和技术问题，每个时代也有特定的人文问题，如今人的研究必须由这个世界历史时期产生的问题来推动和指导。

3. 具体目标

（1）研究适合人类科学的方法：必须确定在研究事物和研究生物（尤其是人类）的方法之间存在什么不同。比如，在研究"对象"只是客体的"客观"方法与观察者在情感上关怀对象的方法之间定然存在差异。

（2）对人的概念和人性的研究：虽然人道主义哲学假定全人类是统一的，但仍然非常需要理性而确凿的证据说明，在纯粹的解剖学和生理学领域之外确实存在诸如人和人性的东西。人性这个概念的建构必须将我们过去对人类的了解，与我们现今对各种高度发达和相对原始文化中人类的认识结合起来。这项任务就是要超越描述人类学，并去研究人性呈现多种姿态背后的那些基本力量。对人性所有表现形式全面的动态研究，将有助于我们对人性的大致图景以及支配人性的法则有一个基本认识。人的人道主义科学必须从人性的概念出发，并力图去揭示何为人性。不用多说，应该对不同的社会（工业社会、前工业社会、原始社会）进行大量研究，并在这些社会中对人性的假设加以检验。

（3）价值观研究：必须表明有些价值观不仅是品位问题，而且植根于人的存在当中。必须证明什么是基本价值观，它们又如何植根于人性之中。所有文化的价值观都必须予以研究，以便找到底层上的统一性。必须去尝试研究人类的道德进化。此外，也有必要调查违反基本伦理规范对个人和文化的影响。在相对主义者看来，任何规范一旦被文化确立就会生效，无论是谋杀还是爱情。人道主义者认为，某些规范内在于人类的生存状况之中，违反它们就会导致某些不利生命的后果。

（4）破坏性研究：与上述相关的是对所有形式的破坏进行研究，包括对他人的毁灭、自我毁灭、施虐狂和受虐狂。我们对破坏性的成因几乎一无所知，但存在大量的经验数据，这让我们至少可以针对破坏性的个人和社会成因提出假设。

（5）创造性研究：不论是研究儿童、少年和成人的创造力，还是研究促进或阻碍这种创造力的因素，都存在广阔的观察领域。对创造性的研究，如同对破坏性的研究一样，必须突破美国的视野，而且可能的话，应尽可能多地使用不同文化的素材。

（6）权威研究：这个标榜自由和个人主义的时代反对权威，并把彻底消除权威作为自己的理想。然而，公开权威的消失却助长了匿名权威的力量，而后者又导致一种非常危险的趋同。因此，有必要重新研究权力问题，并从经验上区分非理性和理性的权力形式，另外也有必要研究趋同现象的各种表现形式。

（7）研究民主组织的心理学前提：认真负责、知晓实情的公民参与社会重要决策是民主的核心概念。但由于人口数量的增长以及群体暗示方法的影响，民主实质上正在削弱。因此，有必要开展研究以揭示选民内心有什么想法（除了调查民意之外）、他如何易于受到影响以及他无力影响政治行为这个事实对他的政治思想觉悟有何影响。群体讨论和决策的实验必须深入开展，对实验结果必须展开研究。

（8）对教育过程的研究：我们接受的高等教育比世界上任何地方的民众都多，但我们的高等教育体系在激发批判思维和影响性格形成上的作用却很小。许多研究表明，学生几乎不受老师人格的影响，至多只是获得纯粹的智力知识。需要开展新的研究来考察学习状况和师生关系。教育如何能超越纯粹的言语智力过程，而迈入富有意义的体验领域？

（9）作为人类进化的历史研究：传统的历史研究以地区为界。我们在巴勒斯坦、希腊和罗马的文化根源以及欧洲和美国的历史，这些都曾是关注的焦点。我们需要一部真实的世界历史，其中人类的进化可以完整地呈现出来。必须表明基本相同的观念如何诞生在人类家庭的各个分支，有些观念如何发生融合而其他的观念又如何保持独立，尽管这些差异较之于相似性总被过度夸大。在一部真正的人类历史中，人的进化、性格、思想以及个体朝着更加统一的方向成长，这些都会展现出来；各种文化和年龄层次都会给予应有的重视。这样一部历史会让我们对整个人类、它的成长、融合和统一获得客观的认识。近年来，人们编写了好几部通史来回应这个问题，却无法满足真正的需求。这部多卷本的历史作为一项学术工作，必须由多位杰出专家出于人道主义精神联合撰写。

4. 总体评述

（1）这个研究院若想产生任何价值，就必须有一个鲜明的形象。这个形象无法通过言语得到充分的表达（并非因为我们没有修辞，而是因为它们模棱两可地被人误用），必须由人民透过他们的工作和个性加以表达。

（2）研究院不应沿用大型基金会的做法，后者在实践中鼓励许多人在思考科学问题时去琢磨该向基金会"兜售"什么东西，会首先考虑资金支持，然后才考虑个人想要发现什么。研究院应该只有在一个项目真正需要的情况下才提供资助。原则上，预算应合理保持在最低限度以内，并且应该充分发挥功用。由此，研究院会鼓励学者回到传统的工作方式，因此思考和研究，而非资金的获取和支配，将成为学术的中心。

（3）研究院应该支持两类活动（并建立一所致力于人类科学的图书馆）：

（a）杰出学者的工作。这里的目标不是解决一个具体问题，而是支持一位有创见的个人，让他可以从事人类科学研究，而不受其他限制条款影响。

（b）人才开展的专题研究。发现这类人才是研究院的一项任务。这里对特定项目应该给予资助。

研究院的管理机构应该制定自己的研究政策，这不仅涉及人才的选拔，而且涉及在综合调查整个领域的基础上抛出选题。在某种程度上，研究院的管理机构就是人类研究的科学规划单位。

（4）研究院应对美国境内外的人员和项目都给予支持。在任何情况下都不得向大学或其他类似机构提供资助。只有经过研究院提议并认可的个人和专题项目才能获得资助。

（5）研究院要有一个由5~7名成员组成的执行机构，成员每年至少举行两次为期一周的会议，讨论项目资助和总体工作计划，并且每年要腾出一些时间在各自的范围内准备这项工作。这个机构应由人类科学各个分支领域的代表组成，成员的选拔应主要基于共同原则、工作效率和个人设想。另外，官僚作风应降至最低限度。

四、人本性懒惰吗？

1. 人天生懒惰的公理

a）公理的社会经济层面

我们从小就被教导说人天生懒惰，也没人可以逃脱这条公理的影响。这个公理本身并不成立。它是一个更为普遍的假设的部分内容，这个假设认为人本性是邪恶的，因此需要教会或政府力量来根除邪恶，即使个体无望在作恶方面突破某种尺度。若像这种论断所言，人本性懒惰、贪婪且具有破坏性的话，那么他需要在精神和世俗上受人管教，对方会约束他无从追随自己的意愿。

但从历史角度看，颠倒这种逻辑才更正确：如果体制和领袖想要统治民众，他们最有效的意识形态武器，就是说服大家绝不能自信可以遵从自己的意志和远见，因为二者都会受个人内心的恶魔引导。正如没人比尼采看得更加清楚那样，如果成功地给人灌输永恒的罪恶和愧疚，那么他将无法获得自由，无法成为真正的自己，因为他的自我已经腐化，因此绝对不允许自我声张。对于这项基本的指控，个人可以卑躬屈膝地顺服并在表面上证实它，或者对它发起猛烈的反抗；但他无法获得自由，无法成为自己生活的主人，更无法成为真正的自己。

在详细讨论这个问题前，除刚才提到的后果之外，我们不妨仔细考虑这个答案的另一个后果。如果人的本性懒惰、散漫、被动，那么只有受到**外在刺激**而非**内在刺激**的激励，他才会变得积极；在本质上，就是受到奖励（快乐）和惩罚（痛苦）的刺激。

如果人本性懒惰的话，那问题在于需要什么刺激来克服这种内在的惰性？如果人本性积极的话，那么问题在于是什么情况会扼杀人天生的活力，让他不仅懒惰而且对世界不感兴趣。

认为人本性懒惰且他的活动必须受外在刺激的激励，我们知道这种观点正是有关教育和工作方面普遍看法产生的基础：学生只有在各种各样的奖励或惩罚督促之下才会学习。直到最近几年，人们才开始发现（比如弗里德里希·威廉·福禄贝尔[1]和玛利娅·蒙台梭利[2]），如果学习过程本身趣味十足，孩子其实也乐意学习。然而，这种观点依然尚未普遍为人接受，而且教育的主导方向也是为了寻找更好的外在刺激手段，而不是寻找适当的教学方法来激发学生自发学习、认知和探究的愿望。人们甚至不能说，以奖励和惩罚作为唯一有效的手段早已过时。行

---

[1] 弗里德里希·威廉·福禄贝尔（Friedrich Wilhelm Fröbel, 1782—1852），德国著名教育家，现代学前教育的鼻祖，创立了世界上第一所幼儿园，著有《人的教育》(1826)、《幼儿园教育学》(1861) 等作品。——译者

[2] 玛利娅·蒙台梭利（Maria Montessori, 1870—1952），意大利儿童教育家，重视儿童早期教育，倡导儿童自发学习理念，著有《童年的秘密》(Secret of Childhood, 1936)、《发现孩子》(Discovery of the Child, 1948) 等作品。——译者

为主义，尤其是斯金纳①提出的最新也最复杂的新行为主义，把外在补偿的特有效应原则当作自己整个理论系统的基石，当中认为适时奖励要比惩罚更加有效的洞见是对陈旧观点的革新。

工业社会针对工作已经采取相同的原则，这一点几乎毋需证明。工作，尤其是产业工人的工作，既乏味又无趣，100年前没人对此有所怀疑，因为这显而易见。工作的持续时间（一天可长达14甚至16小时）、引发的身体不适、所需的大量体力以及有害的工作环境，这些都定然让工作令人反感。如今已经发生很大的变化：工作时间大幅缩短，机器代替了人力，工作场所不再昏暗并有害健康。此外，多余的"脏活"主要由社会最底层完成：在美国由黑人劳工完成，在欧洲由来自意大利、西班牙、土耳其的"客籍劳工"②和妇女完成。

现今，当工作的诸多消极因素大幅消失后，令人不快的另一个层面就变得十分明显：工作固有的无聊。这不仅涉及蓝领工人，而且涉及职员和官员，只有那些参与规划和决策的人士除外。

但无论是身体上的不适，还是心理上无聊的不适，工人和雇主双方都认为，工作定然令人不快。因此为了激励工人工作，就需要以饥饿相威胁；为了让工人更为出色、更有效率地工作，就得

---

① 斯金纳（Burrhus Frederic Skinner，1904—1990），美国新行为主义创始人，他对约翰·华生（John Watson）的行为主义予以修正，将反射分为刺激型反射和反应型反射，并相应地把个体行为分为应答性行为与操作性行为。——译者
② 客籍劳工（guest workers），二战后从南欧或东欧赶赴西欧挣钱谋生的劳工，他们一般工作数年后返回本国，基本上很难加入工作地的国籍。——译者

利用更高的工资和更短的工作时间来奖励他。然而，尽管双方在原则上达成一致，但雇主不愿提高工资，通常只有在工人们罢工的"刺激"之下才会同意。同时，社会经济体系的根本变化也有利于雇主提高奖励。虽说工人和老板之间存在冲突，但矛盾基本围绕工资和工作时间展开。诚然，也可以对工作过程的性质进行变革，以让工作本身变得更有趣，但这是双方几乎从未想过的问题。

这确实是一个神奇的现象，至少从工人的角度看是如此。不过在许多方面影响深远的马克思已经认识到，问题的关键在于**工作的性质**。对马克思而言，在资本主义制度之下，工人或雇员的工作是异化的工作。工人把自己的劳动力卖给雇主，按照他人要求做事，仿佛是机器的一部分。他所生产的商品处于他的对立面，他根本体验不到自己是商品的创造者。异化的工作必然是无聊的，故而让人痛苦万分、深感不适。工人之所以接受工作的痛苦，因为他通过物质补偿得到了奖励，这在本质上就是消费的增加。冲突并非体现在原则上，而在于补偿的分量大小。

如果工作没有遭到异化，即如果工作内在激励人心，因为它有趣、刺激、活泼；如果工作本身并非狭义上的概念，而是个人作为社会组织的劳动单位（工厂、医院等）负责任地参与其中，那么情况就会完全不同。

到了最近几年，工人们才开始接受马克思的观点，尽管不是受其著作的直接影响。这种全新的态度在美国和德意志联邦共和国[①]

[①] 这里的"德意志联邦共和国"（German Federal Republic），即人们常说的"西德"，后来在1990年与德意志民主共和国（German Democratic Republic，简称"东德"）合并。——译者

非常明显。这几年来，人们抱怨工作无聊并要求改变生产方式，以便让工人心怀更大的兴趣、改善工作的过程并瓦解工作过于专业的弊病。这些都已经成为工人与雇主之间磋商的核心议题，不过纯粹提高工资的经济要求（或者至少是满足购买力的稳定工资需求）依然重要。从工业的角度来看，可以令工作更加让人满意的要求已经得到一些回应，而且至少已经展开一些实验性和试探性的尝试。

这个问题对未来的重要意义显而易见。由此，工作越机械化、非人性化，它也就越异化，而外在的奖励也必须更大：这种奖励包含更高的工资，也就是说更多的消费。这就导致现代人必须通过不断增加消费来寻找自己的心理平衡，并以这种发展模式作为工作和休闲变得日益无聊的补偿手段。

如果说人们意识到消费主义会带来人类退化的危险，那么人本性是否懒惰的问题正是心理学和人类学上提出的最重要的问题之一。

b）公理的科学层面

确实很难理解人们会如此坚信人天生懒惰和被动的观点，尽管这么多的观察结果都指向相反的结论。难道动物没有表现出一种不可抗拒的嬉戏倾向吗？难道儿童不是渴望玩耍吗？难道他们不是累了才停止活动吗？（弗洛伊德把儿童不断重复同一游戏的倾向误解为"强迫性重复"，而非对活动需要的一种表达，可能就是由于天生懒惰公理在起作用。）难道不同年龄和文化的人们没有表现出对兴奋和刺激的需求吗？难道人不是从艺术、戏剧、文学、仪式、舞蹈当中，以及通过观看空中飞人、车祸现场并阅读有关犯罪和疾病的书刊来寻求这种刺激吗？难道人不是在竭尽所能去避免无聊和惰性吗？

根据那种简化的公理，人们寻求兴奋最小的状态。对弗洛伊德而言，快乐恰好在于兴奋的缺乏。莫非无聊和惰性是理想状态？为何人们试图避开这些状态？现有充分的证据表明，人对兴奋和刺激具有内在需求，对此我随后就会展开讨论。这里我只想说，即便是日常观察中尚未过滤的一手证据也会要求，必须就大多数心理学家为何对兴奋和刺激的内在需求视而不见的事实做出一番解释。

赫布（D. O. Hebb）为这个令人困惑的现象提供了非常巧妙的解释。他认为动机理论当前的主要问题在于，心理学家已将他们的思维建立在过时的神经学理论之上，而后者已经被更为完善的理论所取代。赫布评论说，"从特征上看，刺激-反应理论或多或少把动物视为消极个体，除非受制于特殊的激活条件。这些条件首先是饥饿、疼痛和性兴奋，其次是与这些更为原始的动机相关的刺激。"（1955，第244页）正如赫布指出的那样，1930年以前的神经学倾向于认为，神经细胞处于惰性状态，除非它周围发生什么事情，这也同样适用于构成神经系统的细胞群。1930年以后，神经学在这方面变化显著。人们开始认识到，神经系统正如所有生物一样都是活跃的，人的大脑在结构上也是活跃的，它只需要充足的营养就行。赫布还指出，"唯一的行为问题是解释消极，而不是活动。"（1955，第244页）最近的神经学研究表明，大脑始终处于活跃状态，但它的"活动并不总是那种引发行

为的传递类型"。(1955, 第248页;赫布引用树突的慢速活动和棘突①的急速活动之间的区别作为证据)

尽管赫布的观点令人印象深刻,认为心理学家们的论点会因基于过时的神经学理论而饱受责难,但它未能就为何心理学家并未使用更为现代的神经学给出解释。他们为何无视唾手可得并随时可用的数据呢?

c) 工作与人内在被动的公理

也许,人们信奉人内在被动这个公理的主要原因在于工业社会中工作的性质。如果我们将工业劳动——从机械织机到传送带再到汽车厂的装配线——与中世纪工匠的工作进行比较,这一点就变得非常清楚。铁匠或木匠在工作时需要对工作抱有持续的专注和兴趣。这项工作是一个不断学习的过程,从学徒开始一直持续到工匠整个一生。在工作的过程中,他提高了自己的技艺,也就是说他**发展了自我**、他的悟性以及对材料和技术的认知;在一生当中,他的感知和观察能力也在不断增强。在这项活动的过程中,他的成长建立在个人与材料、工具以及环境中许多其他因素的关联之上。因此,这项工作从来不会无聊,只会趣味盎然,正如任何需要专注和实践的技能一样。

现今,我们在艺术家(与"工匠"词根同源②)身上仍能依

---

① 这里的"树突"(dentrite)和"棘突"(spike)都是神经细胞上的突起,起信号传导的作用。——译者
② 由于"艺术家"(artist)与"工匠"(artisan)都源于"艺术"(art)一词,故而这里作者说二者词根同源。——译者

稀看到昔日的这种工作态度，无论他是画家、大提琴手，还是外科医生、渔夫、马戏团表演者，诸如此类。（这似乎也正是为何现今人们有幸目睹任何技艺展示过程时都会为之着迷的原因，比如观看卡萨尔斯①的演奏或一名织匠的工作。）

诚然，我们知道对于需要不断训练和实践的工作，技能的发展在外人看来神奇至极。牧羊人的视力如今是普通人的 10 倍；阿拉伯木匠不用测量工具，仅凭视觉和触觉就能打磨一块大理石，并使之恰好嵌入桌面预留的空间（这些例子是我与画家马克斯·亨齐克②在私人交流中得来的）；那些凭借耳朵演奏大量复杂音乐作品的小提琴家，若非通过不断的练习和实践，根本无法培养出这种非凡的能力，尽管禀赋在他们的演奏水准中也是一个要素。当然，这些例子足以让读者了解这类工作。

这类技能工作不需要外在的奖励或惩罚就可以完成。它自身就带有兴趣驱动的内在奖励以及技能的锤炼，由此将个人通过创造行为与世界关联起来。而且更为重要的是，个体在成长当中成为真正的自己。

要理解这类工作的性质，人们必须将其置于社会背景下加以全面考量。中世纪的工匠，亦如现今所有前工业化国家的工匠一样，并不以利润或产量的最大化为目标。他想要延续自己传统的生活模式，并不为现代消费者对商品的饥渴所困扰。此外，他可

---

① 卡萨尔斯（Pablo Casals，1876—1973），西班牙大提琴演奏家，被誉为当代大提琴艺术之父。——译者
② 马克斯·亨齐克（Max Hunziker，1901—1976），瑞士画家和设计师。——译者

以接受的学徒人数以及产品数量均受到行会条例的限制。要是当时有人说从事的工作无聊,金钱奖励既是对工作乏味的补偿,也是他从事此行的主要动机,那他肯定会非常惊讶。[存在大量文献记录这种景象,其中尤其值得参考维尔纳·桑巴特①、马克斯·韦伯、理查德·亨利·塔尼②、卡尔·马克思的作品以及我本人在《逃避自由》(*Escape from Freedom*, 1941a)、《健全的社会》(*The Sane Society*, 1955a)和《希望的革命》(*The Revolution of Hope*, 1968a)当中的分析。]

在工业社会,这一切都发生了变化。工作只有一个目的:为机器所有者带来利润,并养活"受雇"为机器服务的人。如今,工人为机器服务,需要的技能非常有限。即使是"熟练"工人也无法与具有技艺的工匠相比。他更像一个专业工具,而不是熟练的工人。没有技艺的工人操作步骤十分有限;以传送带上的工人为例,他的身体是皮带节奏的俘虏,他的活动局限于一两个单调的动作。工人从不接触"他的"产品,也就是说不是作为它的创造者,而是作为购买并拥有产品的买家。(在这方面有趣的是,最近一份报告披露,意大利造船工人表现的不满和无聊程度要低很多,因为他们的工作方式可以让他们始终看到整个产品——轮船——并目睹它从第一天制造到最终的诞生,即下水的那个时

---

① 维尔纳·桑巴特(Werner Sombart, 1863—1941),德国社会学家、经济学家,主要著作有《现代资本主义》(1902)、《为何美国没有社会主义》(1906)、《战争与资本主义》(1913)等。——译者
② 理查德·亨利·塔尼(Richard Henry Tawney, 1880—1962),英国经济学家、社会批评家,早期著作有《十六世纪的农业问题》(*The Agrarian Problem in the Sixteenth Century*, 1912)。——译者

刻。）由此可知，他忍受着无聊的痛苦，并反感自己的工作。作为一个人，他不但没被工作充实，反而被它削弱，因为他的任何能力都没有得到锻炼和成长的机会。

生产只为牟取商品利润而不为商品自身价值，这样的体系无论在社会上还是文化上都绝无其他可能。人们生产许多必然过时的商品，还有许多毫无价值的商品，它们只有借助广告和包装的力量方才显得有用。当然，这并不是说，人们需求的东西以及有价值的东西并未生产出来，如果情况是这样的话，这种经济体系也无法运转。不过，资本主义生产的主要目的在于利润，而不在于商品的实用性或美感，鉴于这个原因人们就不能指望工作具有内在的好处。

近年来，管理层开始意识到，即便从利润的角度来看，工作的无聊也会阻碍生产。于是人们开始再次改革工作，让它不太无聊。改变工作异化本质最激进的尝试，要数南斯拉夫社会主义制度中的自我管理模式，它规定一家企业的所有员工都对这家企业的管理负责。企业既不是私人所有，也不是国家所有（比如苏维埃国家），在严格意义上它甚至不为工人"所有"。法律所有权已经丧失它的核心作用，因为问题的实质不在于所有权，而在于支配和参与。正如人们预期的那样，当小国周边的社会制度都建立在私有制或国有制之上时，即使在实践中运转得极不完善，但它仍然是有关工作和财产最具创意也最为新奇的理念（参见《南斯拉夫社会主义联邦共和国宪法》第二章第 6 条及第五章第 96 条，引自 I. Kolaya, 1966）。值得注意的是，波兰和捷克斯洛伐克的工人革命运动曾把工人委员会作为它们的中心，而这种趋势在苏联遭到的反抗可谓非比寻常。它早期的代表包括德国的罗莎·卢森堡①和俄国革命初期的"工人反对派"②，二者都曾反对列宁的官僚方法。(有关这个问题的详细讨论，敬请参考 E. Fromm, 1955a)

以资本主义或所谓的"社会主义"作为形式的异化工业系统正是建立在这些前提之上，即人们毫无兴致地耗费着自己的时间和精力，并只受增加消费的愿望所驱使。去质疑外在刺激乃人们唯一工作动机这个公理，那也就意味着要去质疑整个社会体系，就好比把沙土撒入看似运转良好的机器当中。

正如许多社会学家一样，大多数心理学家也倾向于不去质疑这种体系。其实，他们的理论不仅受它影响，而且还在意识形态上支持它。即使在自己的实验中，他们也并未逾越这项基本公理，而大多数实验都趋于从科学上证明我们社会的基本前提。这自然更为简单，因为他们很少像神经生理学家那样处理艰深的数据，而且他们以社会期望的方式处理自己的材料，当然大多情况下也并非有意如此行事。

在有关外在与内在动机的整个学术讨论中，几乎从未提到这个问题与工作动机的普遍假设之间的联系，这一事实俨然表明业已出现的某种东西在抑制这种关联，让社会学家完全看不到个人

---

① 罗莎·卢森堡（Rosa Luxemburg, 1871—1919），出生于波兰，后入德国籍，国际共产主义运动革命家，在德国建立共产党不久后就遭到资产阶级的暗杀。——译者
② 工人反对派（Workers Opposition），俄国十月革命之后不久俄共党内出现的一个无政府工团主义集团，其代表人物包括施略普尼柯夫、梅德维捷夫、柯伦泰等，运动纲领于 1919 年提出。——译者

偏见的根源。(有些工业心理学家，比如利克特、麦格雷戈和怀特已经为理解工作动机做出杰出贡献，但他们仍然受到产业利润和人类利益之间和谐原则的支配；参考 E. Fromm, 1970e。)

我力图表明机器的核心角色以及工业社会中现存的工作组织方式。这种核心角色除让人们感到内疚并因此更好操控之外，它也是为何人天生懒惰并需要快乐或痛苦作为外在刺激的公理在大多数心理学家的思想中占据主导地位的一个原因。这是意识形态影响的绝佳例证，毕竟许多神经生理学家把奖励和惩罚等同于快乐和痛苦进行讨论。人们理所当然地认为，甚至我们的大脑也遵循基督教资本主义思维法则，即快乐是一种奖励，而痛苦是一种惩罚。

然而，奖励原则运转不再顺畅。无聊的可见效应有多种表现形式：许多年轻人对工作毫无兴趣、毒品的扩散传播、暴力以及或暗或明的绝望。越来越多的人们认为，每周 40 个小时工作的无聊既无法也不能通过增加消费奖励予以补偿；而当消费本身变得无聊乏味，并无助于更多的活动、个性的发展和技能的提高时更是如此。在工人当中无故旷工和心身疾病①非常普遍，他们对于工作的厌恶也体现在许多的劣质产品上。

我们发现自己正面临一场严重的父权制危机。这种制度把义务和服从而不是生命、兴趣、成长和活动作为终极价值观念；在何处**占有并使用**已经成为指导目标，而非**存在**。在社会和文化危

---

① 心身疾病（psychosomatic illness），指由心理因素引起并以身体症状为主要表现的多种疾病，比如冠心病、皮肤过敏、偏头痛等。——译者

机的冲击下,陈旧的教条正在遭受质疑,人们开始反思活动内在的快乐是否胜过金钱与消费带来的外在快乐,这丝毫不足为奇。

2. 反对公理的证据

有充足证据反对人内在懒惰的公理,其中大部分都是过去几十年被人重新发现,与此同时越来越多的人开始质疑他们信赖的陈旧观念。在本节当中,我要介绍一些最重要的素材作为证据,它们见于多个领域,包括神经科学、动物心理学、社会心理学、儿童发展、学习过程以及做梦的现象。

a) 神经生理学证据

探究人类内在活动的趋势始于俄国神经学家谢切诺夫①于1863年在剑桥出版的《大脑的反射》(*Reflections of the Brain*)一书。关于新生儿在感官上是主动还是被动应答外部影响的问题,谢切诺夫回答说:"众所周知,维持物质完整性的首要条件,即维持所有神经和肌肉的正常功能的首要条件,是所有器官必须得到充分的锻炼:视神经必须受到光的作用,运动神经必须受到刺激,而肌肉必须收缩,诸如此类。另一方面,我们知道如果有任何器官的运动被迫终止的话,那么个人就会体验到一种紧张的感

---

① 谢切诺夫(I. M. Sechenov, 1829—1905),俄国生理学家,发现了中枢抑制现象,并在著作《大脑的反射》(1863)中革新了反射理论,为后来巴甫洛夫(I. P. Pavlov)创立高级神经活动学说奠定了基础。——译者

觉，这会迫使他完成必要的活动。因此，很明显儿童不是在对外部影响做出被动的反应。"（引自 D. B. Lindsley，1964）

尽管谢切诺夫提出的观点建立在一种有待发展完善的内在反射模式之上，但其重要性在于他确实得出结论认为，新生动物和人类婴儿都在争取感官刺激！

最近，更多的研究早已突破谢切诺夫最初的假设，并且彻底改变了神经元是个静态实体的主流概念。对于分子神经生物学领域发现的新数据，施密特认为这是"大脑和行为科学的基础"［F. O. Schmitt，1967，第 209-219 页。针对这个主题，施密特引用了埃迪斯（M. V. Edds）有关"神经元特异性与神经发生"、埃伯特（J. D. Ebert）有关"发育过程中分子与细胞的相互作用"，以及莱文（L. Levine）有关"神经系统研究中的免疫化学方法"等观点明确的文章。以上文章均收录在同一卷中。］施密特写道："因此，活的神经元与解剖学教科书中或者关注生物电参数的生理学家通过观察描述的静态实体明显不同。**动态是神经元功能的主旨**。"（F. O. Schmitt，1967，第 211 页）

神经细胞表现出很高的活动和整合水平。与刺激-反应心理学得出的假设相反，"大脑不仅应答外界刺激，它本身也会自发活动。"（R. B. Livingston，第 501 页）在以下这段话中，利文斯顿还对传统的刺激-反应（S-R）概念给予批评："比如，在分析学习模式时，我们趋于强调刺激引起反应（S-'R）。在这种范式中，我们容易把关注集中在过程的诱发本质、条件刺激（CS）和无条件刺激（UCS）上面，这些刺激运用得当就会产生条件反应（CR）。我们必须提醒自己，这些过程其实发生在一个更大的框架体系之内。在任何刺激引发学习之前，有些条件是先决条件。只有当神经系统定向恰当并接受刺激时，一种刺激（CS 或 UCS）才显得至关重要。"（R. B. Livingston，第 501 页）

脑细胞的自发电活动始于胚胎期且从不停止，可以通过在大脑不同区域植入电极对它进行检测。脑细胞的活动水平异常惊人：人脑虽然只占体重的 2%，却消耗了体内 20% 的氧气。这一比率与活动肌的耗氧量相当。然而，"活动肌只能在短时间内维持如此高的耗氧率……但神经系统终其一生都保持很高的耗氧率，从出生前到死亡，无论觉醒还是休眠。"（R. B. Livingston，第 501 页，系作者引用 S. S. Ketty, 1957）

理解人类行为的一个关键，在于理解大脑活动（即神经元的使用）与其生长之间的联系。在出生前及出生后几个月，大脑发育非常迅速。继这段指数增长期之后（从出生时约 335 克到成年 1 300 克），其生长加速度开始降低。成年人的大脑发育本质上不在于体积的增长，而在于大分子结构的变化，尤其是神经延长部分的生长，由此导致神经元重量的增加。细胞分化之后，神经元极少分裂（除微神经元以外）。然而，它的发育却永远没有终点。（参见 F. O. Schmitt, 1967，第 211 页）这种神经成长不仅见于大脑的神经细胞，而且见于体外组织培养，其中神经细胞依然保持生物学和电学活性，并且"表现出核旋转、原生质运动、轴突流动以及奇特的动态生长锥"。（R. B. Livingston，第 502 页，此处系作者引用 C. M. Pomerat, 1964）

中间神经元记忆理论提出的假设认为传递至大脑的新信息会导致大脑形成新的神经回路，这些回路可归因于神经突起使用或弃用造成的萎缩或膨大。由于中间神经理论在过去几十年一直饱受非议，这些假设也同样受人质疑。（参见 J. Altman, 1967, 第 725 页）但让人印象深刻的动物实验似乎证实，神经元活动与其生长之间存在关联。在一系列大鼠实验当中（参见 E. L. Bennet et al, 1964; 引自 J. Altman, 第 741 页），动物分为"富集"组和"受限"组：前者饲养在一个空间更大的笼子里，可以自由活动并戏耍各种物件；后者饲养在狭小的隔离笼中，被剥夺了感觉刺激和运动锻炼的机会。研究人员发现，与"受限"动物相比，"富集"动物的皮层灰质更厚（尽管相比之下它们的体重更低）。奥尔特曼（J. Altman）和达斯（G. D. Das）在一项比较研究中（1964）调查了大鼠饲养在富集与受限环境中对其大脑细胞增殖的影响。他们从"富集"动物上获得了皮层面积增加的组织学证据，并从这类成年动物中发现了细胞增殖率提高的放射自显影证据。在深入开展研究的同时，奥尔特曼（1967，第 741 页）报告了一项初步结果，认为存在其他行为变量，比如"幼年期训练大鼠"可以根本改变大脑的发育，尤其是小脑皮质、海马齿状回和新皮质等结构中的细胞增殖。

其他指向相似的实验由威塞尔和胡贝尔[①]（1965，1965a）开展。这些实验表明，出生后 3 个月内不用眼睛（通过眼睑缝合实现）会导致小猫受术眼睛失明。这只眼睛在 3~15 个月内使用后

[①] 威塞尔（T. N. Wiesel, 1924— ），瑞典生理学家，曾任哈佛大学医学院教授；胡贝尔（D. H. Hubel, 1926—2013），美国神经生理学家。二人由于在揭示大脑处理视觉信息的复杂方式上做出重要贡献，共同获得 1981 年诺贝尔生理学或医学奖。——译者

也只能达到轻微的视力恢复。坎德尔①（1967，第684页）得出结论认为："虽然这些变化只在新生动物中才会产生，但有趣的可能性确实存在，即经过长时间的使用矫正后，质量上相似但更为微妙的突触功效变化也会在成年动物身上出现。目前，对于成年动物经过长时间使用矫正后产生永久变化的机制依然了解甚少。"（也请参考F. B. Beswick & R. T. W. L. Conroy在1965年的研究工作）

对于脑细胞使用与生长之间的关联，尽管目前认知非常有限，但有关衰老过程的某些观察可能颇具启发意义。沃尔特（W. Grey Walter, 1957）写道："人脑通常不是寿命的限制因素。随着岁月的增长，脑电图变化不大；撇开真正的衰老不谈，人脑在60岁或80岁时往往表现出相同的特征。老年学……从电生理学中得出的结论在于，大多数人脑都比其他器官存活得更久。"

另一个神经生理学现象似乎指向大脑需要激活的事实，这就是大脑所谓的"快感区域"〔有关这个主题的主要研究由玛丽安娜·奥尔兹（M. E. Olds）、詹姆斯·奥尔兹（J. Olds）、希思（R. G. Heath）和德尔加多（C. M. R. Delgado）完成，具体参考R. G. Heath（Ed.），1964〕。快感区域首先由奥尔兹发现，然后由德尔加多、希思以及其他人予以研究。这些研究者发现，如果短

---

① 坎德尔（E. R. Kandel, 1929— ），美籍犹太裔神经学家，曾任美国哥伦比亚大学教授，因在记忆存储的神经机制研究中做出重大贡献，于2000年获得诺贝尔生理学或医学奖。——译者

暂电刺激大脑皮层下区域的某些部分，受试者就会产生一种快感。迄今为止，发现具有这种明显特征的大脑区域是尾状核的头部、隔区、杏仁核、中央正中丘脑、下丘脑中部、下丘脑后部以及下丘脑和被盖之间的边界。通过在大脑的这些区域植入电极，它们就能受到刺激，而每个区域的电活动都可以通过与其相连的脑电图（EEG）加以记录。希思（1964，第79页）指出，当中隔区受到刺激时，"奖励电流的范围似乎明显变得更宽"，尽管他谨慎地认为，"要对这个观点提供明确的证据，仔细探究的电极位点还是太少"。

在后来的一篇论文中，希思认为"快感反应与中隔区的集中激活相关"，而且"中隔区的生理活动是快感反应的基础"（Heath，1964a，第239页）。他还报告说，非精神分裂症患者针对大脑刺激所体会的快感反应要比精神分裂症患者更为强烈，而且"鉴于精神分裂症患者'快感缺失'的历史，这一点似乎也同样值得注意"。此外，他还报告说，其他患者的性唤起是通过刺激中隔区而非其他区域引发的。

德尔加多在《今日心理学》（*Psychology Today*，1970）的一份报告中估计，尽管大脑60%对于快感或痛觉是中性的，但有35%可以引起快感，而只有5%引起痛觉。这些发现与弗洛伊德的快乐理论[1]之间的关联明显。弗洛伊德以及其他还原论者都认为，并不存在真正的快感，有的只是不同程度的疼痛，而快感在

---

[1] 英语中"pleasure"在翻译时，需要根据语境处理为"快感"或"快乐"，生理学上更多说"快感"，生活中更多说"快乐"，故而译文出现了从"快感"向"快乐"的转变。——译者

本质上是疼痛从较高到较低程度的过渡。然而，上面提到的神经生理学发现表明，快感有它自己的神经生理学基础，并且人体"天生"更乐意去体验快感，而非去体验疼痛。

那么，关键问题在于什么是"快乐"？它主要是某些生理需求的满足，比如性需求和饥饿（在弗洛伊德理论中，高级快乐是低级快乐的升华），又或是一种超越特定欲望满足的总体幸福状态？希思的研究表明，刺激中隔带①可以产生性唤起，而脑电图中出现的性唤起又与中隔带相关。但希思的观察似乎超越了享乐主义的范式，从而向前迈出了重要的一步。我所指的是他发现电刺激隔区可以带来**一种主动兴趣**体验，比如与欲望（性欲和饥饿）满足无关的智力或其他兴趣。他引用了一个例子，说明个体在解决一个有趣的数学难题时，中隔区活动便出现在脑电图上。他认为大脑快感区的激活很可能由个体对外部世界产生主动兴趣引发（在我的术语体系中，这是一种"生产性"兴趣，而非"被动-接受"兴趣）。换句话说，他的发现表明人对外部世界的主动兴趣以大脑的结构为根基，因此无需通过外在奖励加以培养。如果个人缺乏主动兴趣，那么他就有病；他确实已患重病，但希思并不认为这是精神性抑郁症。

从这些发现中得出的重要结论就是，个人若不能寻求快乐，并在更高的人格水平上对他人、事物和观念产生积极的兴趣，那么他就**有病**，而非如公理所言属"正常的"懒惰。

---

① 中隔带（septal region），大脑位于终板和前连合正前方的部分灰质团，与动物的性唤起密切相关。——译者

除了反对人内在被动公理的神经生理学证据外，其他从动物行为、社会心理学和个体心理学实验中所得的数据也指向相同的结论。

b）动物实验证据

在动物行为学研究中，有些学者在直接观察和实验的基础上得出反对还原论的结论。人们普遍认为奖励与畏惧惩罚是个体行为最重要的动机，但与之相反，哈里·哈洛（Harry F. Harlow）、玛格丽特·哈洛（Margaret Harlow）和唐纳德·迈耶（Donald R. Meyer, 1950）却通过猴子实验表明，激励它们的更多是解决困难任务带来的快乐，而不是外在的奖励。他们发现，"猴子在没有其他'动力'和其他'奖励'的情况下，会学着拆开一个三构件的拼图，其目的也只是将它拆开而已。"（引自 J. McV. Hunt, 1963，第 40 页）

在另一项研究中，哈洛发现"两只投喂和供水良好的猴子，竟然连续 10 个小时反复解开一个六构件的拼图，尽管它们并无痛觉的刺激。此外，根据哈洛的说法，在测试的第 10 个小时，它们依然'表现出对任务的热情'。"（引自 J. McV. Hunt, 1963，第 40 页）"哈洛（1950）是第一个使用术语'内在动机'的学者，这个术语为动机源于活动本身提供了基础。"（J. McV. Hunt, 1963，第 42 页）

谈起人们为刻意寻求恐惧而喜欢的危险运动或可怕的过山车，或是带着适度的挫败沉迷于桥牌或高尔夫，或是商人年老时极其不愿退休的现象，赫布（D. O. Hebb）和汤普森（W. R.

Thompson）声称,"人类的这种行为通常看来是为了寻求声望,但从动物得来的数据并不支持这个说法。似乎更为可能的是,解决问题和承受适度风险具有内在奖励性,或者用更普通的话说,动物行事总是为了产生最适水平的兴奋。"（1954,第552页）

赫布和汤普森（1954）在这篇文章中指出,总体而言动物会寻求刺激。他们引述蒙哥马利和汤普森的研究,比如当让大鼠选择熟悉和陌生的地域时,它会倾向于选择陌生的地域,由此表明了众所周知的探究驱力（引自 D. E. Berlyne, 1960,第78页）。两位作者还指出,大鼠类似的倾向在麦吉尔大学实验室也得到了证实：研究提供给大鼠两条通往食物的路径,其中一条直接而简单,另一条要穿过迷宫；它们在20%～40%的运行中会选择困难的路径。我们所说的灵长类的"兴趣"与哈洛的观察关联起来,在事情乏味无趣时就会导致问题。这项观察说明,动物的无聊会产生问题行为,而这对于理解人类的攻击性具有直接意义,正如我在《人类破坏性的剖析》(*The Anatomy of Human Destructiveness*, E. Fromm, 1973a) 中详细分析的那样。

另一个指向相同的观察由迈尔斯（A. K. Myers）和米勒(N. E. Miller, 1954)提出。"生活满意、舒适的大鼠会学习压横杆或转轮子,目的只是为了有机会探索米勒-莫瑞盒①的另一端。"在解释这一观察结果时,作者认为这由"无聊驱力"

---

① 米勒-莫瑞盒（Miller-Mowrer box）,动物行为学研究采用的一种实验盒。——译者

(boredom drive）引起，这种驱力在某些情况下会有所降低。伯莱因（D. E. Berlyne, 1960）也认同不变的条件产生"无聊驱力"的假设。这些学者不去假定无聊是由于刺激缺乏产生，学术研究的趋同反而促使他们认为存在一种无聊驱力。显然，在这种思维模式中，任何东西都不存在，除非它是一种驱力！

从需求刺激的角度来看，野生灵长类动物研究的先驱人物阿德里安·科特兰特（Adriaan Kortlandt）的观察可谓趣味十足。他对动物园中黑猩猩与自然栖息地中黑猩猩之间的差异加以评述。对于前者，他认为"随着岁月的增长，它们通常显得愈发呆滞和空洞"，而"野生黑猩猩越年长似乎越活泼，并对任何事物都更感兴趣且更具人性"。（A. Kortlandt, 1962，第131页）对于野外老年黑猩猩的这种活泼好动，科特兰特十分生动地描述道："黑猩猩宽容对待幼年个体，后者也顺服于老年个体。在研究的这个种群中，这只威严的老年黑猩猩据我判断已过四十岁，它比我见过动物园里最老的黑猩猩还要年长。它佝偻着银背，头顶毛发灰白，脸面有些下垂。我称呼的这位'老爷爷'明显有点（身体）残疾……显然，它的权威来自它的经验以及对潜在危险的认知。相较于其他雄性个体，它总去担任安全督察的角色，以确保一切安然无恙。"（A. Kortlandt, 1962，第131页）

对于这一点，几乎无需据理力争。动物园的黑猩猩得到了很好的饲喂和照顾，但它几乎没有任何类型的刺激。它生活在极为有限的环境中，没有挑战或兴趣。由于缺乏刺激，它变得呆滞并过早死亡。另一方面，野生黑猩猩的头脑始终面临挑战，这一切刺激着它，让它锻炼自己的观察和"思考"，让它保持警觉。所以它不但没有变得呆滞，反而更加高效和睿智，因此始终是群体的首领。它们与人类的相似之处显而易见。和动物园里的黑猩猩一样，养老院的老人基本上得到很好的照顾（有时可能也没那么好，因为他们没有多少价值），但他们脸上的呆滞表情与科特兰特在动物园黑猩猩中描述的情况基本相同。与此相反，一位身为木匠、渔夫、学者或教师的老人，若继续受到刺激并持续活动的话，就不会显出丝毫的呆滞，而是充满活力和干劲，即便他的体力和记忆有所衰退。

一种有关动物园生活截然不同的观点见于海尼·赫迪格①的研究工作中。这位杰出的动物观察家曾任巴塞尔动物园（Basel Zoo）园长。赫迪格（1952，第46-48页）声称，野生动物在圈养与野外环境中都可以适应。他还说笼子成了有待守卫的"新家"，而且动物不会留恋自由，尤其对于那些很早就被带到动物园或者在圈养环境下出生的动物，它们从来不知道自由的意义。历史上这个论点已经不知多少次被用来为人类的奴役进行辩护！

c）社会心理学实验证据

由埃尔顿·梅奥（Elton Mayo）在芝加哥西部电气公司霍桑工厂进行的经典社会心理学实验（参见 E. Mayo, 1933 及 F. J. Roethlisberger & W. J. Dickson, 1950；也参见 E. Fromm, 1955a，

---

① 海尼·赫迪格（Heini Hediger, 1908—1992），曾任瑞士多家动物园园长，他将动物自然栖息地和行为纳入动物园环境构建之中，被人誉为"现代动物园生物学之父"。——译者

第 302-304 页）以及最近的感觉剥夺实验①，都令人信服地说明了人们对活动和刺激的需求以及无聊的负面影响。

梅奥选择的操作是组装电话线圈，这是一项重复性工作，通常由女性完成。一个带相应设备的标准装配台可容纳 5 名女工。工作台被安置在一个房间里，房间与主装配室用隔板分开；总共有 6 名工人在房间里工作，其中 5 名在台前工作，另一名为装配人员分发零件。所有的女性都是有经验的工人，其中两人在第一年离职，她们的位置由另外两名技术相同的工人补充。这项实验共持续了 5 年，并分为不同的实验阶段，期间工作条件会发生某些变化。这里不讨论这些变化的细节，只需说明在上午和下午设置了间歇，并在休息期间提供了茶点，而且工作时间减少了半小时。在经历这些变化后，每个工人的产量都大幅提高。目前为止，一切顺利，没有什么比以下假定更让人信服：增加休息时间并让工人"感觉更好"的尝试正是效率提高的原因。这里，许多研究者可能已经停止实验，并满足于认为这些"自由"变化才是提高劳动生产率的关键所在。但梅奥并未选择如此结束，他想知道如果通过调整，把小组工作条件恢复到实验开始时的状况，又会发生什么情况？休息时间、专用茶点和其他改善措施被取消大约 3 个月。令所有人吃惊的是，这并未导致产量下降，每天和每周的产量反而比以前任何时候还要高。在后续一段时间内，此前

---

① 感觉剥夺实验（sensory deprivation experiment），1954 年加拿大麦吉尔大学（McGill University）心理学家贝克斯顿（W. H. Bexton）等人开展的一项著名的心理实验，重在研究受试者在被剥夺视、听、触等感觉后出现的各种生理和心理反应。——译者

的让步措施再次被引入，唯一的例外是姑娘们自己提供食物，而公司继续为上午的茶歇供应咖啡。产量依然继续上升，不仅如此，本实验中工人的缺勤率与总体相比下降了约80%，而且参与实验的女工之间还发展出全新的友好关系。

梅奥如何解释"呈上的稳步增长似乎无视实验条件变化"（E. Mayo, 1933, 第63页）这一令人惊讶的结果？如果不是间歇、茶点和缩短的工作时间，那又是什么让工人生产更多产品、身体更为健康且表现更为友好呢？答案显而易见：尽管工作单调、乏味的技术层面依然未变，某些像间歇之类的改进也不是决定性的，但工作状况的社会层面总体上已经发生变化，进而导致工人态度的变化。她们得知了这项实验以及其中的几个步骤；她们的建议被人聆听，并且时常得到采纳；最重要的一点在于，她们意识到自己正在参与一项有意义且有趣的实验，这不仅对她们自己，而且对整个工厂的工人都很重要。虽然她们起初"害羞、不安、沉默，也许还对公司的意图心存疑惑"，但后来她们的态度就表现出"自信和坦率"（E. Mayo, 1933, 第63页）。这个小组培养出一种工作参与意识：她们知道自己在做什么，行事具有目标和意图，并且可以通过自己的建议影响整个过程。

梅奥的实验结果表明，尽管工作的技术层面依然单调乏味，但实验还是带给了工人们刺激和兴趣。相对来说，这种少量的刺激对她们的整体行为甚至身体健康都产生了深远影响。

第二类实验涉及的不是刺激的增加，而是刺激的减少。这些实验为人需要刺激的论点也提供了非常重要的经验证据。实验结果对阐述我们的问题至关重要，故而有必要对它们进行非常详细的说明。

一项由卡斯滕（A. Karsten）开展的早期实验（1928，引自 C. N. Cofer & M. H. Appley, 1964，第 279 页）已经确立了个体对单调工作的负面反应。实验要求受试者画直线，或者尽可能长时间地从事类似的无聊活动，最终他们都拒绝继续下去。不过，由贝克斯顿（W. H. Bexton）、赫伦（W. Heron）和斯科特（T. H. Scott, 1954）以及后来的研究者开展的以下实验更为复杂和有趣。研究者们将实验程序描述如下："受试者为 22 名大学男生，他们要呆在有光的隔间内，每天 24 小时躺在一张舒适的床上，并有时间吃饭和上厕所。在整个实验期间，他们戴着半透明的护目镜，眼镜可以透过漫射光，但阻碍了模式视觉。除了吃饭或解手之外，受试者都戴着手套和从肘部延伸至指尖的纸板袖筒。这些装置允许关节自由活动，但限制触觉的感知。受试者和实验员之间的交流通过小型对讲机进行，而且使用保持在最低限度。听觉刺激受部分隔音的隔间和 U 形泡沫枕限制，受试者在隔间内要将头放在枕头里面。此外，风扇、空调和枕头耳机上的扩音器制造的嗡嗡声会产生有效的屏蔽式噪声。

"正如克莱特曼[①]（Kleitman, 1939）所得证据预期的那样，人类和其他动物在刺激减少后就开始睡眠，受试者趋于把实验早期阶段的时间用到睡眠上。后来，他们睡得少了一些，变得无聊

[①] 克莱特曼（N. Kleitman, 1895—1999），美国心理学家，系统研究睡眠与生物钟的先驱，曾与自己的学生在肯塔基州猛犸洞按照每天 28 小时、一周 6 天的作息方式生活了 32 天，并以此为基础在次年出版了《睡眠与觉醒》（*Sleep and Wakefulness*, 1939）。——译者

且渴望刺激。他们会唱歌、吹口哨、自言自语、撞击袖筒或者探索隔间。这种无聊似乎部分由有效的系统思维能力衰退造成，下文会对这种效应予以描述。另外，受试者变得非常不安，并不断表现出随意运动。他们将这种不安描述为不快。尽管受试者的报酬（每天24小时20美元）是他们平常收入的2倍以上，但依然很难让他们参与超过两三天。事实上，有些受试者在测试完成之前就已退出。"（W. H. Bexton, W. Heron & T. H. Scott, 1954, 第71页）

除我之前提过的效应之外，感觉剥夺的总体效应便是实验期间个体"情绪异常不稳"。实验结束后，受试者反映出现"困惑、头痛、轻度眩晕和疲劳的感觉；在某些案例中，测试结束后这些症状持续长达24小时"。（W. H. Bexton, W. Heron & T. H. Scott, 1954, 第72页）

研究者主要关注隔离期间以及随后出现的认知障碍。受试者报告说，他们在隔间内无法长时间集中考虑任何主题。那些试图温习自己的功课或解决智力问题的受试者发现很难继续下去。结果他们陷入白日梦，放弃系统思考的尝试，并让思绪随意飘荡。还有所谓"空白期的报告，期间他们似乎无法思考任何东西"。（W. H. Bexton, W. Heron & T. H. Scott, 1954, 第72页）

最后，还有受试者报告在实验中出现了幻觉。"一般来说，当出现更加'成形'（即更复杂）的幻觉时，通常之前有过形式更简单的幻觉。幻觉的复杂程度可以区分如下：在最简单的形式中，视野在闭上眼睛后会从黑暗变为亮色；其次是光点、线条或简单的几何图案。14名受试者报告了这种幻景，并说这对他们而言是一种新的体验。对于更复杂的幻觉形式，有11名受试者报告有'墙纸图案'，7名受试者报告了没有背景的孤立人影或物体（比如一排戴着黑色帽子、张着嘴巴的黄色小人；一顶德国头盔）。幻觉中还有整合场景（比如一群松鼠肩上扛着袋子，'有目的地'穿过一片雪地，然后走出'视野'；史前动物在丛林中行走）。14名受试者中，有3人报告看到了这些场景，里面往往掺杂虚幻扭曲，而且人物时常被描述为'像卡通'。一个奇怪的事实在于，依据报告，有些幻觉是倒置的或倾斜的。"（W. H. Bexton, W. Heron & T. H. Scott, 1954, 第74页）

在后来的一篇论文中（T. H. Scott, W. H. Bexton, W. Heron & B. K. Doane, 1959），研究者通过几项测试表明，"感知隔离产生智力的下降"（同上）。在同年的另一篇论文（《加拿大心理学杂志》）中，多恩（B. K. Doane）、马哈图（W. Mahatoo）、赫伦和斯科特再次发现幻觉的存在，同时也发现幻觉主要发生在戴着半透明面罩的个体身上，也就是说暴露于漫射光之下是这种现象发生的一个因素。研究者在他们的工作报告中总结如下："这些结果再次强调了隔离程序在实验室和其他地方产生的严重干扰。极度生动的幻觉、思维过程的受损、感官和知觉的变化以及脑电图中的显著变化，所有这些都说明对中枢神经功能的广泛影响，而这种影响只通过限制感官刺激的正常变化就可引发。"（同上）

一个有趣的问题在于，这些幻觉的本质是什么，它们又为何发生？这很容易让人想到暂时的精神病体验。如果有人听说过这些"幻觉"，这才是为何它们在有些观察者看来如此荒诞的原因。

但我看不出这样解释的理由。我认为其中一位受试者对这些幻觉本质的定义非常正确,他说:"我在清醒时做了个梦。"当然,人们可以将任何幻觉定义为"清醒时的梦",但我认为人们可能会发现,这样的普遍定义并未对精神病患者幻觉的具体特性予以考虑。我更倾向于将这些"幻觉"视为昏睡状态中的短梦,甚至不排除受试者只睡了几秒钟并在此短暂间歇中做梦的可能。(这种觉醒的梦的性质与"白日梦"完全不同。白日梦不是真正的梦,而是由某些愿望或恐惧引发的幻想。做白日梦的人完全意识到自己在制造一个幻想,它可以随意开始和结束,几乎没有创造力。梦则具有完全不同的性质,即便是个人在觉醒时做的梦。)

用我们解释梦的同一个原则去解释感觉剥夺实验中的"幻觉",这种假设显得似是而非。在实验中以及在睡眠中,机体已被部分或完全剥夺外部刺激,大脑似乎在通过幻觉和梦境为自己产生刺激以作出应答。正如祖克曼(M. Zuckerman)和科恩(N. Cohen, 1964)引述的那样,相同的观点已被埃瓦茨(E. V. Evarts, 1962)和沙伊贝尔(M. E. & A. B. Scheibl, 1962)援用神经生理学术语加以阐述。祖克曼和科恩还引用其他理论来解释实验中的幻觉,比如精神分析、认知和社会心理学理论。在我们的语境下,精神分析的阐释具有特殊意义。但不幸的是,这种阐释基本上是循环论证:隔离产生一种回归,回归促进"初级过程",并抑制次级过程。[参见祖克曼后来的论文,他审视了有关"幻觉"的各种理论证据。作者在文中得出结论,认为"感官幻觉"似乎并未如加拿大大学生首次报告的那样怪异(M. Zuckerman, 1969,第125页)。]

开展感觉剥夺实验的学者指出,他们的实验对理解大脑功能具有非常重要的普遍意义。他们在文中写道:"最近神经生理学研究的大量证据表明,觉醒时大脑的正常功能有赖于不断的感官刺激,这种冲击产生持续的'唤起反应'(arousal reaction)。麦吉尔大学的夏普莱斯(S. K. Sharpless)当前从事的工作进一步表明,当刺激没有变化时,就迅速失去引发唤起反应的能力。因此,某个刺激的功能是激发或引导某种特定的行为,但它同时也有一项非特定功能,即维持这种很有可能通过脑干网状结构①引发的'唤起'。换句话说,保持正常、理智的适应行为可能需要不断变化的感官刺激输入。大脑不像一台电机驱动的计算机,在无限期的闲置后还能够立即对特定的指令给予应答。相反,它更像一台保持热身并始终工作的机器。因此在可行的情况下,研究长期感知隔离期间个体的认知功能就显得很有价值。布雷默(F. Bremer)和特佐罗(C. Terzuolo)通过切割脑干实现了这种隔离(1953)。然而,大学生并不愿意为了实验目的接受脑部手术,因此我们只得满足于实验环境中不太极端的隔离方式。"(W. H. Bexton, W. Heron & T. H. Scott, 1934, 第70页)自1953年以来,大量的证据表明这几位学者对他们数据的解读十分正确。

d) 梦例的证据

做梦的现象让我们得出与感觉剥夺实验类似的结论。我们理

---

① 脑干网状结构(brain stem reticular formation),脑干中含有广泛神经元并混杂神经纤维的区域,与个体的休眠-觉醒和意识状态的调节密切相关。——译者

所当然地认为，所有人都会做梦（尽管许多人忘了自己的梦境，并认为自己没有做梦），以至于从未提出这个显而易见的问题：我们为何做梦？

考虑到在睡眠过程中，除维持生命所必需的那些器官活动之外，机体活动的水平已降至最低，那么为何大脑在人们睡眠时不去休息？毕竟当身体休息时，大脑的许多任务都已减少。无论这个问题的答案是什么，事实证明我们的大脑在昼夜任何时刻都异常活跃。大量的实验研究已经清楚地表明，我们在25%的睡眠时间中都会做梦，在觉醒时刻和休眠期间，都需要持续不断的大脑活动，这个事实如今能更好地加以理解。（实际上，就连那些进化等级较低的动物都会做梦，这就说明大脑活动是何等重要，参考 E. S. Tauber & F. Koffler, 1966。）有机体在睡眠中，除异常刺激之外，并不接受外界刺激。在梦的过程中它似乎会自行制造刺激，这些刺激产生的效果与外界"真实"的刺激基本相同。

但做梦的现象不单表明大脑需要刺激和兴奋。许多梦境展现的艺术创造力和深邃的洞察力是梦者在觉醒状态下难以企及的。即使那些似乎完全由本能愿望的虚幻满足所驱动的梦（弗洛伊德认为所有的梦都是性欲望的满足），也时常在情节上表现出创造性技巧，而梦者在觉醒状态下却无从获得。许多梦可以展现个人的内心或情景，而当他们醒来时又并无察觉。一个洞悉内心的梦例如下。A做了关于B的一个梦，做梦之前的晚上A见过B。见面之后，A觉得B非常友好，并决定开展他们计划的一项商业合作。然而，见面之后的晚上，A做了以下的梦：

"我和B一起走，来到一条河边。B水性很好，提议我们干脆游过去，因为步行到前面的跨桥要花太多时间。我接受了他的提议，但很快发现河水湍急，要游过去非常困难。B游在我的前面，当我向他喊道自己要折回去时，他以冷笑来回应我，然后继续向前游。我竭尽全力地跟上他，最终抵达了河对岸，浑身筋疲力尽。B掏出我的钱包，里面装着重要文件和大量现金，并说：'我去给你买些药。'但他离开之后，就再也没有回来。"

A从梦中醒来，感到震惊不已。当试着回忆前一天的对话时，他记得自己曾注意到，B的脸上带有一种奇怪的冷笑和敌意。经过更为深入的思考，他想起过去的一些小事，这也说明B不值得信任。我们看到，A在梦中要比清醒时具有更深的洞察力。他的思维过程在梦中要比清醒时更加活跃也更为犀利，而且并未对刺激做出深层反应。

同时，睡眠中个人的创造能力会更进一步。许多梦例具有神话或短篇小说的特点。其实，我听说过许多梦例，即使不加修改直接出版，它们也可以与卡夫卡的短篇小说相提并论。在这些梦例中，梦者展现出的艺术创作能力在他的觉醒生活中却毫无迹象。梦中的故事不像白日梦那样属于幻想，它是梦者对于现实的艺术再现。梦者不仅能看到隐藏在意识表层背后的真相，而且能选择符号以最微妙的方式表达自己看到的东西，并根据自己故事的不同走向编织出一件完整的艺术品。

我们不妨来看一些梦例。首先，是一个16岁少年简短的梦例，当时他正与身为军官的父亲存在激烈的冲突。儿子向父亲屈服，部分是因为害怕，部分是钦佩他的力量。一天晚上，父亲批评他之后，他做了以下的梦：他是一个兵团的头领，他们正在攻打一座中世纪的城堡。他们冲破城墙，杀死守城的军队，发现自己身处城堡中央的庭院。所有的敌人都已经死亡。就在这时，儿子发现墙壁竟然是纸板做的，而整个城堡其实与他小时候玩过的纸板城堡极为相似。

显然，这个梦例表达了他的叛逆情绪，以及想赶走自己父亲并取而代之的愿望。然而，这个梦境的创意元素在于，他选择一座中世纪城堡作为父亲的象征，而城堡是用纸板制成，它实际上只是一个玩具而毫无真正的力量。在这个"纸板城堡"的象征符号中，梦境表达了他对父亲真实性格的看法：生活在过去的一位浪漫主义者，并未像自己觉醒时看到的那样强硬；他看到了父亲的软弱、幼稚和脆弱。这个象征符号极为精准地展现了这位父亲的人格品质，而这是艺术创作的产物。

根据弗洛伊德释梦的原则，梦境只会表达弑杀与嘲笑父亲的愿望（征服城堡可以解释为与母亲发生乱伦）。这是可能的，但绝非必然。关键的一点在于，梦境在描述父亲的真实性格时是否比觉醒时的画面更为充分。但即使个人接受弗洛伊德的解释，象征符号的形成仍然是一种创造行为。

在其他的梦例中，梦者的创造力不是以故事情节而是以艺术视觉形象得以表现。一名40岁的男子饱受强烈的孤独和无助折磨，在梦中看到了以下景象："我看到一条大城市的街道。当时天刚破晓，除偶尔出现一个回家的醉汉之外，街上看不到任何人。天下着蒙蒙细雨。"

这个场景不以词语展现，而应视为一幅图画。它精确地表达了梦者在觉醒生活中的情绪。不过，当问起觉醒时的感觉时，他通常给出的回答都无法十分精确地描述自己的情绪。在梦里这张图画中，他已经捕捉到了所有的元素，任何听到这个梦境的人都可以完全体会同样的孤独、隔离、绝望和疲惫之感。

有些梦例是《哈姆雷特》剧情的变体。让我们以莎士比亚所描述的情节为例。假设哈姆雷特曾咨询过一位精神分析师，那他会告诉对方什么？也许是以下内容："有时，我和母亲在一起会感到不安。我知道她爱我，但我并不完全信任她。还有我的继父，尽管他对我很好，但我并不喜欢他。事实上，他对我宠爱有加，还送我很多礼物。"然后，病人可能就会梦见《哈姆雷特》的剧情：他的母亲伙同她后来嫁的情人，一起害死了他的父亲。

梦是真理的声音吗？未必如此，它可能是个人嫉妒或反叛的表达。但在其他许多情况下，它以象征和诗意的形式表达真相。不管母亲是否真的杀了父亲，这种极端描述可能只是表现隐藏现实的诗意形式。这个隐藏的现实在于，他的母亲仇视他的父亲；她奸诈阴险、不知廉耻、没有贞节；他的继父虚情假意，竭力收买他，而且冷酷无情。在莎士比亚戏剧中，"梦"的真理通过父亲鬼魂的显现得以确立；在生活中，它可以通过增加梦境诸多细节的意识得以确立，有时甚至可以通过发现不太微妙但隐蔽的行为予以确立。

梦境创造性地揭开隐藏的现实，它与白日梦完全不同。白日梦是个人的欲望或恐惧主导的一种幻想。白日梦没有揭示任何东西，它只是表达了个人的欲望。它与梦之间的区别，犹如一本低俗小说有别于伟大小说，犹如娱乐、意识形态艺术有别于真正的艺术。正如科学一样，所有的艺术都在揭示而不是掩盖真理，只是媒介不同而已。革命艺术家是革命家，意识形态"艺术家"（比如信奉"社会主义现实主义"原则的艺术家）具有革命功能。荷马在写《伊利亚特》时，为了和平所做的工作要比那些为了宣扬和平而从事"艺术"创作的人要多。

有时，同样的创造力也可以在精神病发作的个体身上看到。一位患者在急性精神分裂症发作期间住院了好几个月，有人拿来黏土让他塑形。他做了几件塑像，然后又立即毁掉。现场请来了一位品鉴水平极高的艺术家，他发现这些塑像具有很高的艺术价值。等患者康复且神智正常以后，再让他去尝试塑形。他如实去塑像，但制作的东西十分庸俗。当被问起是否还记得生病时所做的泥塑时，他对此没有任何记忆。

一位非常睿智的女士在急性精神分裂症发作期间给我写了许多封信。这些信件虽然有时显得怪异，但非常精彩、深邃和诙谐，完全可以不做任何润色就发表。等康复之后，她的信件与生病之前同样睿智，但少了她患病期间的非凡艺术品质。

当然，人们很容易就会去推测在休眠期间或某些精神病状态下负责产生主动-创造能力的那些条件。在《被遗忘的语言》（*The Forgotten Language*，1951a）和《禅宗与精神分析》（*Zen Buddhism and Psychoanalysis*，1960a）中，我提出一种假设：在觉醒生活中，有机体担负着存活的功能——生产存活所需的物资并保护自身免受危险。也就是说，在觉醒生活中人必须工作。这就意味着，首先他必须去感知事物，因为如果个人想要使用它们，就必须先对其加以感知。此外，个人必须得像别人那样看待事物，因为所有的工作都基于合作实现。在睡眠中个人得到了休息，他因此免于工作和防卫的义务。但这也意味着，他没有必要像在工作和防御时那样去感知世界，他不会被觉醒生活中影响自己的那些常识和胡扯触动。他可以自由地感知真实的世界，而不受社会俗套和意图的扭曲。他能以世界的本来面目审视这个世界，而非根据所在群体的意愿进行调整之后再去审视。

在我们休眠时（或在某些精神疾病中，当个体适应世界的能力遭到严重扰乱时）以及在某些药物的影响下，似乎就不受社会稽查与扭曲的影响，故而可以自由发挥创造力。人们可能会把艺术家定义为在觉醒、理智和冷静的情况下可以创作的个人。社会假象和意识形态与现实之间的冲突越是尖锐，真知灼见就会显得越不神秘。在一个彻底人性化的社会，也就无需制造意识的扭曲，个人不妨可以推测，普通人在觉醒时就能当艺术家。（奥托·兰克[1]的伟大成就在于阐明了神经症表现与艺术表达之间的联系，还为人们理解艺术家做出了杰出的贡献。）

e）儿童发展证据

对于儿童发展这个领域，几乎任何人都会从个体的行为之中观察其活动和兴趣。令人大为惊讶的是，弗洛伊德和其他心理学家居然没有认识到这个事实。弗洛伊德甚至认为，攻击性最初根植于自我当中，并作为自我对抗外界刺激的防御得到发展。最近许多研究表明，情况并非如此。诚然，儿童和成人的机体都会保

---

[1] 奥托·兰克（Otto Rank，1884—1939），奥地利精神分析学家，最早意识到母子关系与分离焦虑的分析师，出版《出生创伤》（1924）后不久便与弗洛伊德因观点相左而决裂。——译者

护自身免受心理系统无从"消化"的过度刺激或兴奋伤害,但毫无疑问的是,婴儿出生后不久,就渴望刺激和兴奋,而且确实需要如此。大卫·谢克特(David Schecter, 1973,第21页)对所得数据进行全面和系统的分析,以此提出他的普遍论点,即"社会刺激和互动交往——通常以嬉戏形式展开而非必然与本能相关或会缓减紧张——构成了婴儿与他人之间特有社会依恋发展的基础"。他还引述了几项有关婴儿视觉感知的重要发现,其中包括陶伯(E. S. Tauber)的发现,此人阐明了新生儿的视动性眼球震颤①(E. S. Tauber & F. Koffler, 1966,第382f页);沃尔夫(P. H. Wolff)和怀特(B. L. White, 1965)关于三四日龄婴儿对共轭物体运动视觉跟踪的观察;尤其重要的是范茨(R. L. Fantz, 1958)的描述,即婴儿甚至在出生的前几周就乐于在视觉上固定于更为复杂而非更为简单的模式之上。大卫·谢克特(1973,第21页)写道:"大体来说,我们可以得出结论认为婴儿'偏爱复杂的刺激模式'。"

谢克特(1973,第23页)还报告了引发婴儿微笑的情况,并表明人们可以通过微笑回应来强化微笑反应,或者通过不加回应来消减微笑反应。他提到最近的几项研究,由此说明"目前为止越来越多的证据表明,决定潜在健康婴儿社会反应结果的关键变量,正是环境中重要人物的模式化社会刺激和应答"。如果没有足够的社会(其中包括感知)刺激,比如在盲人和孤儿院婴儿

---

① 视动性眼球震颤(optokinetic nystagmus, OKN),由视野中移动着的物体或景象引起的生理性眼跳动,特点是水平性、振幅小、频率快而有节律。——译者

的身上,他们在情感和社会关系、语言、抽象思维和内部控制方面的缺陷都会显露出来。

皮亚杰①对儿童的观察结论也基本类似。他观察到 4 个月大婴儿的兴趣如何"集中在外部环境产生的结果上"。(引自 R. W. White,1959,第 318 页)在头一年的下半年,他观察了婴儿的行为:他们会探究客体的属性并尝试对它们采取各种行动。在 9 月龄洛朗(Laurent)的案例中,当拿给他许多新的物件后,皮亚杰检测到 4 种反应状态:"(a)视觉探索,把物件从一只手换到另一只手、折叠钱包等;(b)触觉探索,用手摩挲物件、抓挠等;(c)在空中缓慢移动物件;(d)采用综合行动,如摇晃物体、撞击物体、摆动物体、用物件摩擦摇篮边缘、吸吮物体等。'每一种行动都以谨慎的态度轮流进行,仿佛是在研究产生的效果'。"(引自 R. W. White,1959,第 319 页)

在稍大一点的洛朗身上,皮亚杰观察他如何玩弄一个新的物件。他扳掉碎片,让它掉落,并"饶有兴致地观察运动中的物体。特别是当它掉落时,他会盯着它看很长时间,并在可能的时候把它捡起来"。(引自 R. W. White,1959,第 319 页)他将婴儿的经历总结如下:"他会依此抓住橡胶鹅、盒子和其他几件玩具。每次他都伸出手臂,让它们落下。他有时垂直伸起手臂,有时斜着抓起放在眼睛前方或后方。然后,物件会落在一个新的位置(比如落在他的枕头上),他让它在同一个地方落下两三次,似乎

---

① 皮亚杰(Jean Piaget,1896—1980),瑞士儿童心理学家,发生认识论的开创者,著有《儿童的语言和思维》(1924)、《儿童的道德判断》(1932)等。——译者

是为了研究空间关系；接着，他会改变运动情景。在某个时刻，小鹅落在他的嘴边。现在，他不再吮吸它（即使这个玩具习惯上服务于这个目的），而是再让它落下3次，并只装出张嘴的姿势。"(J. Piaget, 1952, 第269页, 引自R. W. White, 1959, 第16页)

怀特在评述皮亚杰的发现时认为，"有观察力的父母不会质疑这样的事实，即婴儿在觉醒期间只要不是非常迫于饥饿、性欲需求、痛苦和焦虑的压力，他们通常都会做出这样的举动。"如果借用心理学术语考察这种行为，我们就会发现只有个别过程有所缺失。这个孩子已经表现出感受、感知、参与、学习、认知、回忆以及可能还有的思考的基本形式。尽管缺乏强烈的情感，但婴儿的微笑、咯咯声以及偶尔清脆的笑声俨然表明快乐效应在起作用。他的行为有组织地展现出来，尤其表现为主动的探索和实验。显然，除了那些与应急相伴心理过程外，这个孩子已经在连贯地运用所有心理过程。而要说一个心理过程比另一个更为重要定然过于武断。(J. Piaget, 1952, 第269页, 引自R. W. White, 1959, 第16页)

综上所述，儿童以及幼龄婴儿表现出对刺激的需求和对适度兴奋的渴望，已经被非常卓越的研究者在儿童和动物身上通过各种实验和观察得到证实，故而有关冲动和兴奋趋于降低以及婴儿完全被动的那些陈旧观点已被彻底证伪。

f) 心理学证据

目前为止，我主要对实验研究数据进行介绍。下面我将针对多位学者通过耐心观察儿童行为得出的观点进行总结。这些观点并非只依据狭义上的实验得来。

在这群学者中，我要以杰出人物让·雅克·卢梭开场，尽管在现代意义上他并非一名"心理学家"，而是哲学家。不过，卢梭是一位敏锐的观察者和杰出的思想家，当代对他的忽视是我们思想界的重大损失。抛开语境来看，在把野蛮人描述为"只想活着，无所事事"时，卢梭似乎认同人天生懒惰的概念（对于此处谈论卢梭以及随后的引述，我非常感谢可以与哈特穆特·冯·亨蒂格①博士私下交流）。但卢梭非常明确地认为，"怠惰"这个概念必须与市民阶层的"忙碌"对立起来理解。他继续写道，"市民阶层忙个不停，汗流浃背，坐立不安，为寻找更辛苦的工作自己折磨自己……野蛮人是为自己在生活，文明人总生活在自我之外，并只会屈从于他人的意见……"（J.-J. Rousseau, 1956, 第97页）

比如，他在《爱弥儿》(*Émile*)中写道："……你看到儿童最初几年无所事事就感到震惊不已。什么！难道心情高兴毫无意义？难道整天跑跳玩耍毫无意义？在今后一生之中，他都不会如此活跃了。"（J.-J. Rousseau, 1983, 第89页）又如，他在《忏悔录》(*Confessions*)中曾说："我喜欢的悠闲并非懒散之人的悠闲……而是孩子的悠闲。他虽一事无成，却不停在活动。"（J.-J. Rousseau, 1978, 第874页）若对卢梭的立场心存任何疑问，都可

---

① 哈特穆特·冯·亨蒂格（Hartmut von Hentig, 1925——），德国教育学家，曾任比勒费尔德大学教授，著有《德国故事》(*Deutschland in kleinen Geschichten*, 1995)等。——译者

以从以下文字得到答案:"如果偶尔有一名儿童,他确实生性怠惰,那就不应该任凭这种倾向发展……而是要给他某种刺激让他保持活跃。但要非常明白的是,人们绝不应该强迫他行事,而是要通过他的爱好来激发他。"(*Émile*, 1983,第 117 页)卢梭关于活动的论述并非绝对没有矛盾,这可能是他性格上某些特征使然(比如依赖性),但他的思想主线十分清晰。[有关卢梭性格的精神分析观点,可参考莎拉·苏·维茨(Sarah Sue Wittes, 1970)出色的博士论文,它加深了我对卢梭的理解。]

同样的原则也出现在蒙台梭利教学体系中。这些原则也是最近所有激进教育理念的基础,其中最激进的由伊万·伊里奇(1970)提出,他认为在社会上应该彻底废除学校。[以下对于活动之中内在快乐的概念发展简述,我主要依靠科弗(N. Cofer)与阿普利(M. H. Appley, 1963)、怀特(R. H. White, 1959)以及亨特(J. McV. Hunt, 1963)的研究进行。]

二十世纪强调人对活动和刺激具有内在需求的首位神经学家是科特·戈德斯坦(Kurt Goldstein, 1939)。他依据基础神经学研究,假设存在一种定向于"自我实现"(self-actualization)的主要倾向,其中所谓的内驱力只是部分而非真正孤立的表现形式。这种倾向可以在对完美的追求当中找到表达,即力求完善不完美的东西,无论是一项外部任务,还是掌握某种诸如行走之类的机能。最近,亚伯拉罕·马斯洛(Abraham Maslow, 1954)再次使用这个术语,让它获得某种热度的同时,或许还有使它消退的风险。不幸的是,近年来,"自我实现"和"潜能实现"这两个术语已被一场大众运动挪用,试图向所有寻求简化答案的人士快速而低廉地兜售拯救的理念。许多从业者以江湖行骗和商业主义为特征，把自我实现、禅宗、精神分析、团体治疗、瑜伽以及其他元素拿来就用。他们向青年承诺更强的敏感度，向年长的商业高管承诺"应付"员工更强的能力。在这些令人遗憾的结果当中，严肃的概念变得低级不堪，故而难以在严肃的语境下使用。

在心理学领域，卡尔·布勒（Karl Bühler, 1924）最先谈到活动和人体机能当中的"内在快乐"（intrinsic pleasure），他将这种快乐称为"机能快乐"（Funktionslust）。亨利·默里（Henry A. Murray）和克莱德·克拉克洪（Clyde Kluckhohn, 1952）谈到活动中自为的快乐：他们重新启用了布勒的"机能快乐"概念，并得出结论认为："婴儿的内心在大多时间并未作为某种本能驱力的工具在活动，而是专注于自我快慰"。（引自 R. W. White, 1959, 第 312f 页）

对活动中"内在快乐"概念做出最重要贡献的学者要数罗伯特·怀特（Robert W. White, 1959）。在一篇短小精悍的论文中，他不仅系统回顾了有关活动带来快乐的各种观点，还明确阐发了自己的"能力动机"（competence motivation）概念。他用能力来指代"有机体与自己的环境有效互动的能力……在哺乳动物尤其是人类当中，……（它）通过漫长的学习缓慢地获得"。（引自 R. W. White, 1959, 第 297 页）对于能力的动机层面，怀特提议将其命名为"效能"（effectance）。"当然，不能认为效能动机源于神经系统之外的组织。它绝对不是一种缺陷动机。我们必须认为它是神经遗传的，其'能量'来自构成神经系统的活细胞。外界刺激扮演重要的角色，但从'能量'角度看这个角色又是次要的，这一点从个体积极寻求环境刺激就一目了然。若形象地看，我们可以说"效能驱力"表征了神经肌肉系统在没有负荷或受到环境适度刺激时想做的事情。显然，不存在完满的行为。内心的满足似乎在于活动的唤起与维持，而非在于向着无聊被动地缓慢降低"。(R. W. White，1959，第321页)

怀特总结道："无聊、单调的不快、新奇的吸引、改变行为而非机械重复的倾向，以及寻求刺激和适度兴奋，这些都是人类体验中无法回避的事实，而且在动物行为当中也有明显的相似之处。我们会在一天结束时寻求休息和最小刺激，而这并非我们第二天早上所要追寻的东西。即便机体的基本需求得到满足，并且各项内稳任务完成，它依然活力四射、积极主动，并且意欲有所作为。"(R. W. White，1959，第314f页)

大多数精神分析师反对这种倾向也并不奇怪，因为弗洛伊德的整个理论体系都建立在个体会把兴奋降至最低固定水平（快乐原则）以及/或者零点水平（涅槃原则）这一公理上。然而，在精神分析思想中，也存在几个有悖于这种普遍倾向的例外情况。奥托·兰克认识到，个性化的实现本身就是一种创造行为；真正成为自己的个体，或者不妨说，实现自我的个体——用兰克的话来说就是"艺术家"——有勇气克服自己的"分离焦虑"。安吉亚尔（A. Angyal，1941）强调必须寻找整个机体过程的普遍模式，并对成长过程加以解释。他将生命定义为一个"自我拓展的过程"，并认为在成长过程中"有机体的总体动态朝着自主性增加的方向发展"。只有到最后，生物体才被迫屈服于他律力量的支配。

亨德里克（I. Hendryk，1943）观察到，儿童会从新的成就中得到快乐，并由此提出"掌控驱力"（drive for mastery）的概念。这一概念仍在弗洛伊德驱力理论的框架之内，但与弗洛伊德对儿童游戏的解释相反，尽管后者在此基础上提出了强迫性重复以及后来的涅槃原则。

欧内斯特·沙赫特尔（Ernest G. Schachtel）强调集中注意的行为在于普遍的专注手段，"旨在积极地心理获取……集中注意是一种工具，一种人类独有的机制，个体可以借此实现对客体产生兴趣的能力"。（1954，第318页）他尤其指出，强烈的需要或焦虑会阻碍这种主动掌控的能力，这对儿童和成人都是如此。

自出版《逃避自由》（*Escape from Freedom*，1941a）以来，我就强调人类对主动掌控世界和刺激的需求。在"生产导向"的概念中，这种需求作为人类的一个基本导向，在关联与同化过程中占据了中心位置。这种"主动关联"（active relatedness）导向是心理健康的先决条件，它的缺失表现为无聊，并构成一个致病因素，只是在症状较轻的情况下，可通过补偿行为予以调节，从而阻止有意识无聊的显现。

参考文献

Altman, J., 1967: "Postnatal Growth and Differentiation of the Mammalian Brain, with Implications for a Morphological Theory of Memory," in G. C. Quarton, Th. Melnechuk, F. O. Schmitt (Ed.), *The Neurosciences: A Study Program*, New York (Rockefeller University Press), pp. 723–734.

——and Das, G. D., 1964: "Autoradiographic Examination of the Effects of Enriched Environment on the Rate of Glial Multiplication in the Adult Rat Brain," in *Nature*, Vol. 204, 1964, pp. 1161–1163.

Angyal, A., 1941: *Foundations of Science of Personality*, New York (Commonwealth Fund) 1941.

Bennet, E. L., Diamond, M. C., Krech, D., and Rosenzweig, M. R., 1964: "Chemical and Anatomical Plasticity of Brain," in *Science*, Vol. 146, 1964, pp. 610–619.

Berlyne, D. E., 1960: "Arousal and Reinforcement," in *Conflict, Arousal and Curiosity*, New York (McGraw-Hill) 1960.

Beswick, F. B., and Conroy, R. T. W. L., 1965: "Optimal Tetanic Conditioning of Heteronymous Monosynaptic Reflexes," in *Journal of Physiology*, Vol. 180, London 1965, pp. 134–146.

Bexton, W. H., Heron, W., and Scott, T. H., 1954: "Effects of Decreased Variation in the Sensory Environment," in *Canadian Journal of Psychology*, Vol. 8 (No. 2) 1954.

Bremer, F., und Terzuolo, C., 1953: "Nouvelles Recherches sur le Processus Pysiologique de Réveil," in *Archives internationales de Physiologie*, Vol. 61, 1953, pp. 86 – 90.

Bühler, K., 1924: *Die geistige Entwicklung des Kindes*, Jena (Gustav Fischer) 1924.

Cofer, C. N., und Appley, M. H. m 1964: *Motivation: Theory and Research*, New York (Wiley) 1964.

Doane, B. K., Mahatoo, W., Heron, W., and Scott, T. H., 1959: "Changes in Perceptual Function after Isolation," in *Canadian Journal of Psychology*, Vol. 13 (1959), No. 3.

Evarts, E. V., 1962: "A Neurophysiological Theory of Isolation," in L. J. West (Ed.), *Hallucination*, New York (Greene and Stratton) 1962, pp. 1 – 14.

Fantz, R. L., 1958: "Pattern Vision in Young Infants," in *The Psychological Record*, Vol. 8 (1958), pp. 43 – 47.

Fromm, E., 1941a: *Escape from Freedom*, New York (Farrar and Rinehart) 1941.

—1947a: *Man for Himself. An Inquiry into the Psychology of Ethics*, New York (Rinehart and Co.) 1947.

—1951a: *The Forgotten Language: An Introduction to the Understanding of Dreams, Fairy Tales and Myths* (New York:

Rinehart) 1951.

—1952a: "The Contribution of the Social Sciences to Mental Hygiene," in *Proceedings of the Fourth International Congress on Mental Health*, ed. by A. Millán, Mexiko (La Prensa Medica Mexicana), London (H. K. Lewis & Co), New York (Columbia University Press) 1952, pp. 38 – 42.

—1955a: *The Sane Society*, New York (Rinehart and Winston, Inc.) 1955.

—1960a: "Psychoanalysis and Zen Buddhism," in D. T. Suzuki, E. Fromm, and R. de Martino (Eds.), *Zen Buddhism and Psychoanalysis*, New York: Harper and Row), pp. 77 – 141.

—1964a: *The Heart of Man: Its Genius for Good and Evil* (New York: Harper and Row).

—1968a: *The Revolution of Hope. Toward a Humanized Technology*, New York: Harper and Row) 1968.

—1970a: *The Crisis of Psychoanalysis: Essays on Freud, Marx and Social Psychology* (New York: Holt, Rinehart and Winston) 1970.

—1970e: "Humanistic Planning," in E. Fromm, *The Crisis of Psychoanalysis: Essays on Freud, Marx and Social Psychology* (New York: Holt, Rinehart and Winston) 1970, pp. 77 – 87.

—1970g: "Epilogue," in E. Fromm, *The Crisis of Psychoanalysis: Essays on Freud, Marx and Social Psychology* (New York: Holt, Rinehart and Winston) 1970, pp. 190 – 192.

—1973a: *The Anatomy of Human Destructiveness*, New York (Holt, Rinehart and Winston) 1973.

—1976a: *To Have Or to Be?* (World Perspectives, Vol. 50, planned and edited by Ruth Nanda Anshen), New York (Harper and Row) 1976.

—1989a: *The Art of Being*, New York (Continuum) 1992.

Goldstein, K., 1939: *The Organism*, New York (American Book Co.) 1939.

Harlow, H. F., Harlow, M. K., and Meyer, D. R., 1950: "Learning Motivated by a Manipulation Drive," in *Journal of Experimental Psychology*, Vol. 40, 1950, pp. 228 – 234.

Heath, R. G. (Ed.), 1964: *The Role of Pleasure in Behavior*, New York (Harper and Row) 1964.

—1964a: "Pleasure Response of Human Subjects to Direct Stimulation of the Brain: Psychologic and Psycho-dynamic Considerations," in R. G. Heath (Ed.), 1964, *The Role of Pleasure in Behavior*, New York (Harper and Row) 1964.

Hebb, D. O., 1955: "Drives and the C. N. pp. (Conceptual Nervous System)," in *Psychological Revue*, Vol. 62, No. 4, pp. 243 – 254.

—and Thompson, W. R., 1954: "The Social Significance of Animal Studies," in G. Lindsley (Ed.), *Handbook of Social Psychology*, Vol. I, Cambridge, Maspp. (Addism-Wesley) 1954, pp. 532 – 556.

Hediger, H., 1952: *Wildtiere in Gefangenschaft*, Basel (B. Schwab) 1952.

Hegel, G. W. F., 1821: *Grundlinien der Philosophie des Rechts*, in: G. W. F. Hegel – Werke in 20 Bänden, Band 7, Frankfurt am Main (Suhrkamp Verlag) 1970.

Hendryk, I., 1943: "Work and the Pleasure Principle," in *Psychoanalytic Quarterly*, Vol. 12 (1943), pp. 311 – 329.

Hubbard, L. R., 1950: *Dianetics*, New York (Hermitage House) 1950.

Hunt, J. McV., 1963: "Motivation Inherent in Information, Processing and Action," in O. J. Harvey (Ed.): *Motivation and Social Interaction*, New York (Ronald Press), pp. 35 – 94.

Illich, I, 1970: *Deschooling Society*, New York (Harper and Row) 1970.

Kandel, E. R., 1967: "Cellular Studies of Learning," in G. C. Quarton, Th. Melnechuk, F. O. Schmitt (Ed.), *The Neurosciences: A Study Program*, New York (Rockefeller University Press) 1967.

Karsten, A., 1928: "Psychische Sättigung," in *Psychologische Forschung*, Vol. 10, Berlin 1928, pp. 142 – 254.

Ketty, S. S., 1957: "The General Metabolism of the Brain in vivo," in D. Richter (Ed.), *2nd International Neurochemical Symposium*, London (Pergammon) 1957.

Kleitman, N., 1939: *Sleep and Wakefulness*, Chicago (University of

Chicago Press) 1939.

Kolaya, I., 1966: *Arbeiterräte: Die jugoslawische Erfahrung*, New York (Praeger) 1966.

Kortlandt, A., 1962: "Chimpanzees in the Wild," in *Scientific American*, Vol. 206 (No. 5) 1962, pp. 128 – 138.

Lindsley, D. B., 1964: "The Ontogeny of Pleasure: Neural and Behavioral Development," in R. G. Heath (Hrsg.), *The Role of Pleasure and Behavior*, New York (Harper and Row) 1964.

Livingston, R. B., 1967: "Brain Circuitry Relating to Complex Behavior," in: G. C. Quarton, Th. Melnechuk, F. O. Schmitt (Hrsg.), *The Neurosciences: A Study Program*, New York (Rockefeller University Press), pp. 499 – 517.

Marx, K.: *Karl Marx und Friedrich Engels, Historisch-kritische Gesamtausgabe* (= MEGA). Werke — Schriften — Briefe, im Auftrag des Marx-Engels-Lenin-Instituts Moskau, herausgegeben von V. Adoratskij, 1. Abteilung: Sämtliche Werke und Schriften mit Ausnahme des Kapital, zit. I, 1 – 6, Berlin 1932:

—MEGA I, 3: *Ökonomisch-philosophischen Manuskripten aus dem Jahre 1844.*

—MEGA I, 5: *Die deutsche Ideologie.*

Maslow, A. H., 1954: *Motivation and Personality*, New York (Harper and Row) 1954.

Mayo, E., 1933: *The Human Problem of an Industrial Society*, New York (The Macmillan Co.) 1933.

Murray, A., and Kluckhohn, C., 1952: "Outline of Concepton of Personality," in C. Kluckhohn, H. A. Murray, and D. M. Schneider (Edpp.), *Personality in Nature, Society and Culture*, 2nd ed., New York (Knopf) 1952.

Myers, A. K., and Miller, N. E., 1954: "Failure to Find a Learned Drive Based on Hunger; Evidence for Learning Motivated by ' Exploration' , " in *Journal of Comparative Psychology*, Vol. 47, 1954, pp. 428 – 436.

Piaget, J., 1952: *The Origins of Intelligence in Children*, New York (International University Press) 1952.

Pomerat, C. M., 1964: *Film: The Dynamic Aspects of the Neuron in Tissue Culture*, Pasadena Foundation for Medical Research, Los Angeles (Wexler Film Production) 1964.

Roethlisberger, F. J., and Dickson, W. J., 1950: *Management and the Worker*, 10th ed., Cambridge (Harvard University Press) 1950.

Rousseau, J.-J., 1956: *Über den Ursprung und die Grundlagen der Ungleichheit unter den Menschen*, in: J.-J. Rousseau, *Die Krise der Kultur*. Die Werke ausgewählt von Paul Sakmann, Stuttgart (Kröners Taschenbuchausgabe Band 85) 1956, pp. 78 – 97.

—1978: *Die Bekenntniss*, in Jean-Jacques Rousseau, *Werke* Band 2, München (Winkler Verlag) 1978.

—1983: *Emil oder Über die Erziehung*, Vollständige Ausgabe. In neuer deutscher Fassung besorgt von Ludwig Schmidts (= UTB

Taschenbuch 115), Paderborn u. a. (Ferdinand Schöningh) 1983.

Schachtel, E. G., 1954: "The Developement of Focal Attention and the Emergence of Reality," in *Psychiatry* Vol. 17, 1954, pp. 309 – 324.

Schecter, D. E., 1973: "On the Emergence of Human Relatedness," in E. G. Witenberg (Ed.), *Interpersonal Explorations in Psychoanalysis*, New York 1973.

Scheibl, M. E. and A. B., 1962: "Hallucinations and Brainstem Reticular Core," in: L. J. West (Ed.), *Hallucination*, New York (Greene and Stratton) 1962, pp. 15 – 35.

Schmitt, F. O., 1967: "Molecular Neurobiology in the Context of the Neurosciences," in G. C. Quarton, Th. Melnechuk, F. O. Schmitt (Ed.), *The Neurosciences: A Study Program*, New York (Rockefeller University Press), pp. 209 – 219.

Scott, T. H., Bexton, W. H., Heron, W., and Doane, B. K., 1959: "Cognitive Effects of Perceptual Isolation," in *Canadian Journal of Psychology*, Vol. 13 (No. 3) 1959, pp. 200 – 209.

Tauber, E. S., und Koffler, F., 1966: "Optomotor Response in Human Infants to Apparent Motion: Evidence of Innateness," in *Science*, Vol. 152, 1966, pp. 382f.

Thomas, H., 1961: *The Spanish Civil War*, New York (Harper and Row) 1961.

Tillich, P., 1952: *The Courage to Be*, New Haven (Yale University

Press) 1952.

Verfassung der sozialistischen Bundesrepublik Jugoslawiens, Chapter II, Art. 6 and Chapter V, Art. 96.

Walter, W. Grey, 1953: *The Living Brain*, New York (W. W. Norton and Co.) 1953.

Wells, H. G. , 1925: *The Country of the Blind*, in: *In the Days of the Comet and Seventeen Short Stories*, New York (Charles Scribner' s Sons) 1925.

White, R. W. , 1959: "Motivation Reconsidered: The Concept of Competence, " in *Psychological Review*, Washington 1959, Vol. 66, pp. 297 – 323.

Wiesel, T. N. , and Hubel, D. H. , 1965: "Comparison of the Effects of Unilateral and Bilateral Eye Closure on Cortical Unit Responses in Kittens, " in *Journal of Neurophysiology*, Vol. 28, 1965, pp. 1029 – 1040.

— 1965a: "Extent of Recovery from the Effects of Visual Deprivation in Kittens, " in *Journal of Neurophysiology*, Vol. 28, 1965.

Wittes, S. S. , 1968: *La Nouvelle Heloise: Rousseau and Authority*. Dissertation, New York (Thesis Columbia University) 1970.

Wolff, P. H. , and White, B. L. , 1965: "Visual Pursuit and Attention in Young Infants, " in *Journal of Child Psychiatry*, Vol. 4, 1965.

Zuckerman, M. , 1969: "Hallucinations, Reported Sensations, and Images, " in J. Zubek (Ed.), *Sensory Deprivation: Fifteen Years of Research*, New York (Appleton Century) 1969, pp. 85 – 125.

—and Cohen, N., 1964: "Sources of Reports of Visual and Auditory Sensations in Perceptual Isolation Experiments," in *Psychological Bulletin*, Vol. 62, 1964, pp. 1 – 20.

Erich Fromm
THE PATHOLOGY OF NORMALCY
Copyright © 1991 by the Estate of Erich Fromm
Introduction © 1991, 2010 by Rainer Funk
First published in German translation under the title: Die Pathologie der Normalität
Published in agreement with Liepman AG Literary Agency, through The Grayhawk Agency Ltd.
All rights reserved

图字：09 - 2022 - 0866 号

图书在版编目(CIP)数据

常态病理学/(美)艾里希·弗洛姆（Erich Fromm）著；陆泉枝译. — 上海：上海译文出版社，2024.4
（弗洛姆作品系列）
书名原文：The Pathology of Normalcy: Contributions to a Science of Man
ISBN 978 - 7 - 5327 - 9474 - 4

Ⅰ.①常… Ⅱ.①艾… ②陆… Ⅲ.①心理学 Ⅳ.①B84

中国国家版本馆 CIP 数据核字(2024)第 048680 号

常态病理学：弗洛姆的"人学"理论
[美]艾里希·弗洛姆 著　陆泉枝 译
责任编辑 / 范炜炜　装帧设计 / 柴昊洲

上海译文出版社有限公司出版、发行
网址：www.yiwen.com.cn
201101　上海市闵行区号景路159弄B座
上海颛辉印刷厂有限公司印刷

开本 890×1240　1/32　印张 5.375　插页 2　字数 88,000
2024 年 4 月第 1 版　2024 年 4 月第 1 次印刷
印数：0,001—6,000 册

ISBN 978 - 7 - 5327 - 9474 - 4/B · 545
定价：48.00 元

本书中文简体字专有出版权归本社独家所有，未经本社同意不得转载、摘编或复制
如有质量问题，请与承印厂质量科联系：T: 021 - 56152633 - 607